Birgit-Cathrin Duval

Schwarzwald

DER SÜDEN

50 MIKROABENTEUER

ZUM ENTDECKEN UND GENIESSEN

360° medien

IMPRESSUM

Schwarzwald – Der Süden
50 MIKROABENTEUER ZUM ENTDECKEN UND GENIESSEN
Birgit-Cathrin Duval

Nachtigallenweg 1 | 40822 Mettmann

Redaktion und Lektorat: 360° medien

Satz und Layout: Elke Gräfe

Gedruckt und gebunden:
Himmer GmbH Druckerei & Verlag | Steinerne Furt 95 | 86167 Augsburg
www.himmer.de

Bildnachweis: siehe Seite 256

ISBN: 978-3-96855-383-2
Hergestellt in Deutschland

360grad-medien.de

Solli liebe Leserin, lieber Leser

Ich freue mich riesig, dass ich Dich mit diesem Buch auf Deiner Reise in den Südschwarzwald begleiten und Dir meine Heimat zeigen darf.

Aufgewachsen bin ich in Weil am Rhein, der südwestlichsten Stadt Deutschlands, direkt an der Grenze zur Schweiz und zu Frankreich. Der Schwarzwald lag sozusagen vor meiner Haustür. Im Herbst fuhren wir nach Marzell zum Pilzsammeln und im Winter zum Skifahren auf den Feldberg. Ich war fünf, als ich zum ersten Mal auf Skiern stand. Als Kind fand ich den Schwarzwald ziemlich cool. Im Winter gab es massenhaft Schnee und im Sommer unternahmen wir als Familie Ausflüge an den Titisee oder zu den Triberger Wasserfällen, wo ich Eichhörnchen fütterte. Irgendwann kam dann die Zeit, in der ich den Schwarzwald nur noch mit Rentnern assoziierte und sowas von altbacken fand. Nur fort von diesem Ort, es zog mich in die weite Welt.

2014 zog ich nach Malsburg-Marzell und lebe „uffem Wälder" wie wir hier sagen. Wenn ich auf Reisen erwähne, dass ich im Black Forest wohne, erstaunt mich die Reaktion darauf jedes Mal aufs Neue. Mein Gegenüber beginnt zu schwärmen. Jeder und jede hat eine ganz bestimmte Vorstellung vom Schwarzwald. Allen ist der Black Forest ein Begriff. Ob als Märchenwald, als wunderschöne Landschaft mit Kühen, grünen Weiden und Schwarzwaldhäusern darin, Kuckucksuhren, Bollenhüten oder Schwarzwälder Kirschtorte. Der Schwarzwald ist zum Inbegriff von Natur und Heimat geworden, ein Sehnsuchtsort, um den sich ein weltumspannender Mythos entwickelt hat.

Tatsächlich hat sich vieles verändert in den vergangenen Jahrzehnten. Der Schwarzwald hat sein verstaubtes Image längst abgestreift. Ungebrochen ist er seit Jahren eine der beliebtesten Urlaubsdestinationen – und das zu Recht.

Im südlichen Schwarzwald leben Freigeister und „ruuchi Bolle" wie sie der Schattlochbuur von Marzell bezeichnete, unglaublich „schaffige" Menschen, die mit ihrer Heimat verwurzelt sind und deren Arbeit von Wäldern, Wiesen und Wasser geprägt ist. Landwirte und Waldarbeiter, Kreative und Designer, Gastwirte und Erzeuger. Hier trifft Ursprung auf Innovation. Heimat wird als Raum verstanden, der schöpferisch weiterentwickelt wird, ohne dabei seine Wurzeln zu vergessen.

Der Südschwarzwald bietet als Tourismusdestination seit vielen Jahren das, was als neuer Trend in der Reisebranche mit „Resonanz-Tourismus" umschrieben wird. Dabei geht es um echte Begegnungen und authentische Erlebnisse, die nachwirken.

Als Abenteuer wird die Erforschung eines unbekannten Gebiets bezeichnet. In diesem Sinne lade ich Dich ein, mitzukommen auf die Mikroabenteuer im Südschwarzwald. Ich verrate hier keine Geheimtipps, denn sind wir mal ehrlich, sobald etwas als Geheimtipp angepriesen wird, wissen wir, dass es sich dabei nur um abgegriffene Phrasen handelt. Vielmehr finden sich in diesem Buch meine persönlichen Lieblingsabenteuer, die ich meinen Freunden empfehle, wenn ich danach gefragt werde, was man an einem Nachmittag oder Wochenende unternehmen kann im Südschwarzwald. Dieses Buch ist also mein ganz persönliches Kompendium, mit dem Du hoffentlich genauso viel entdecken und erleben wirst wie ich bei meinen Erkundungen. Also nichts wie auf in den Südschwarzwald!

Viel Freude beim Entdecken und Genießen wünscht Dir
Birgit-Cathrin Duval

Inhaltsverzeichnis

Hinweis:

Aus Gründen der besseren Lesbarkeit wird auf eine geschlechtsneutrale Differenzierung verzichtet. Entsprechende Begriffe gelten im Sinne der Gleichbehandlung grundsätzlich für alle Geschlechter. Die verkürzte Sprachform beinhaltet keine Wertung.

Willkommen

IM SÜDSCHWARZWALD

Wusstest Du, dass es Schwarzwald 102 Berge gibt, die über 1000 Meter hoch sind? Und fast ausnahmslos alle über 1100 Meter befinden sich im Südschwarzwald. Hohe Berge, tiefe Täler und herrliche Panoramablicke prägen die Landschaft im Südschwarzwald wie keine andere.

Doch wo fängt er eigentlich an, der südliche Schwarzwald? Und wo hört er auf? Und sagt man Südschwarzwald oder südlicher Schwarzwald? Und was hat es mit dem Hochschwarzwald auf sich? Gehört der Hotzenwald zum Südschwarzwald? Und was ist der Unterschied zwischen Naturpark Südschwarzwald und Biosphärengebiet Schwarzwald?

In der Tat ist eine eindeutige Abgrenzung gar nicht so einfach. Ich orientiere mich dabei am Lageplan des Naturparks Südschwarzwald. Der umfasst ein 394.000 Hektar großes Gebiet im äußersten Südwesten Deutschlands. Das reicht von Lörrach entlang des Rheins bis Waldshut-Tiegen mit dem Hotzenwald im Süden, im Westen entlang der Vorgebirgszone bis Freiburg und Emmendingen, im Osten schließt er die Baar-Hochebene bis Donaueschingen und Bad Dürrheim ein und endet im Norden bei Herbolzbeim und Triberg. Streng genommen sind einige Gegenden dabei, die geografisch nicht zum Südschwarzwald gehören. Der Begriff Hochschwarzwald beschreibt den höchsten Teil des Südschwarzwalds rund um den 1493 Meter hohen Feldberg. Touristisch gesehen bezeichnet es einen Zusammenschluss von 21 Orten zur Ferienregion Hochschwarzwald. In meinem Buch halte ich mich geografisch an den Begriff Hochschwarzwald.

Naturpark Südschwarzwald

Unter Naturpark, von denen es in Baden-Württemberg insgesamt sieben gibt, versteht man ein großräumiges, ländlich geprägtes Gebiet, das sich durch die Vielfalt und Schönheit seiner Natur auszeichnet und einen wertvollen Erholungsraum bietet. Zweck eines Naturparks ist die Förderung und Entwicklung der Kultur- und Erholungslandschaft einerseits und der Schutz der Natur andererseits. Eine nachhaltige und naturverträgliche Entwicklung steht dabei im Vordergrund. Der Naturpark Südschwarzwald ist nach dem Naturpark Schwarzwald Mitte-Nord der zweitgrößte in Deutschland. Im Naturpark kannst Du interessante Angebote von zertifizierten Gästeführerinnen und Gästeführern wahrnehmen, die Dir zu vielen Themen individuelle Führungen und Naturerlebnisse anbieten. *naturpark-suedschwarzwald.de*

Biosphärengebiet Schwarzwald

Die UNESCO zeichnet weltweit bedeutsame Kulturlandschaften als Biosphärenreservate aus. Es sind Regionen, in denen eine einzigartige Kulturlandschaft entstanden ist, die es für die nachkommenden Generationen zu erhalten und zu pflegen gilt. Besonderheit im Biosphärengebiet Schwarzwald sind die Allmendweiden, die früher von den Bauern gemeinschaftlich genutzt wurden und bis in die Höhenlagen reichten und eine einzigartige Form der Berglandwirtschaft darstellten.

Weitsicht bietet diese Bank am Herzogenhorn

Wandern und Einkehren gehören im Südschwarzwald zusammen

Das Biosphärengebiet ist in drei Zonen aufgeteilt: Kernzone, Pflegezone und Entwicklungszone. Die Kernzonen sind Gebiete, in denen sich die Natur ohne Eingriff des Menschen natürlich entwickeln kann. In diesen geschützten Bannwäldern darf der Urwald der Zukunft heranwachsen. Das Biosphärengebiet Schwarzwald umfasst 63.000Hektar und liegt innerhalb des Naturparks Südschwarzwald. Biosphären-Guides und Ranger bieten naturkundliche Wanderungen an. *biosphaeren-gebiet-schwarzwald.de*

Naturschutzgebiete

In Naturschutzgebieten sollen Natur und Landschaft auf besondere Weise geschützt werden. Die Tier- und Pflanzenwelt soll ungestört und ohne Einflüsse des Menschen leben und sich entwickeln können. Innerhalb der Naturschutzgebiete gelten strenge Gebote. Das Feldberggebiet ist das größte, höchstgelegene Naturschutzgebiet Baden-Württembergs und steht seit 1937 unter Naturschutz. Das Naturschutzgebiet Feldberg lernst Du am besten bei einer Ranger- oder Försterwanderung kennen.
naz-feldberg.de

Silva Nigra oder Mons Abnoba: Woher der Schwarzwald seinen Namen hat

Früher erzählte ich, dass der Schwarzwald seinen Namen von den Römern hat. Die fürchteten sich vor dem dunklen, undurchdringlichen Wald, in dem sie Geister vermuteten. Deshalb nannten sie ihn „Silva Nigra" – schwarzer Wald. Heute erzähle ich, dass der Schwarzwald eigentlich Mons Abnoba heißen müsste, benannt nach der keltischen Göttin Abnoba. Sie war die Hüterin des Waldes und der Quellen. Bereits in der Antike wurde der Name von den Gelehrten Plinius und Tacitus mit einem Gebirge in Verbindung gebracht, welcher dem Schwarzwald zugeordnet wird. Denn damals war der Schwarzwald alles andere als schwarz und dunkel. Der ursprüngliche Wald der Göttin Abnoba war ein Urwald und bestand aus Tannen, Buchen, Bergahorn, Eichen, Kiefern, Ulmen, Eschen, Linden.

Der Schwarzwald war also kein dichter, dunkler Nadelwald. Der Wald, so wie wir ihn heute kennen, besteht überwiegend aus Fichten, die das Ergebnis einer intensiven Aufforstung zu Beginn des 19. Jahrhunderts war. Aufgrund der exzessiven Verwendung von Holz im 18. Jahrhundert war der Schwarzwald quasi abgeholzt. Um möglichst schnell einen neuen Wald heranzubilden, wurden die schnellwachsenden Fichten gepflanzt, die heute stark unter den heißen, trockenen Sommern und dem Borkenkäfer zu leiden haben.

Blick vom Panoramaweg am Belchen auf die Belchenhöfe und Neuenweg im Kleinen Wiesental

Top 10

DER SEHENSWÜRDIGKEITEN IM SÜDSCHWARZWALD

1

Feldberg: Höher geht es nicht. Mit 1493 Metern ist er der höchste Gipfel im Schwarzwald, in Baden-Württemberg und der höchste Mittelgebirgsgipfel Deutschlands. Lustigerweise sieht er so gar nicht nach Gipfel aus, sondern eher nach – der Name sagt es bereits – einem Feld, das auf einem Berg liegt. Tatsächlich ist der Feldberg ein Gebirgsmassiv, das aus drei Gipfeln besteht: dem eigentlichen Feldberggipfel, auch „der Höchste" genannt, dem Baldenweger Buck mit 1460 Metern und dem 1448 Meter hohen Seebuck mit dem markanten Feldbergturm. Als subalpine Insel ist der Feldberg wichtiges Habitat für seltene Tiere und Pflanzen, die heute nur noch in den Alpen vorkommen.

2

Belchen: Der 1414 Meter hohe Belchen ist der markanteste und für mich auch der schönste der Schwarzwaldgipfel. Der waldfreie Gipfel wurde von den Kelten als Belenos „der Strahlende" verehrt. Bereits 1867 wurde das auf 1362 Metern liegende Belchenhaus als Raststätte für Wanderer eröffnet. Die Fahrstraße zum Belchen wurde 2001 geschlossen und endet an der Talstation der Gondel, die in fünf Minuten Gäste zum Belchenhaus fährt. Auf der Außenterrasse des höchst gele-

genen Gasthauses in Baden-Württemberg, das 2022 umfassend saniert wurde, bietet sich ein fantastischer Fernblick auf die gesamte Alpenkette.

3 **Hochblauen:** Im Herbst, wenn der Hochnebel die Rheinebene unter einer dicken Wolkenschicht verhüllt, zieht es viele hinauf auf den 1165 Meter hohen Blauen. Der Markgräfler Hausberg, bietet eine spektakuläre Alpensicht. Tatsächlich meint man, vor einem Meer aus Wolken zu stehen. Bei Inversionswetterlage bietet der Blauen die schönsten Sonnenauf- und untergänge mit Blick auf die Vogesen und Alpen. Der 14 Meter hohe Blauenturm wurde 1895 vom Schwarzwaldverein Badenweiler erbaut und 2016 renoviert. 1935 fand auf dem Hochblauen ein Skispringen statt. Das Berggasthaus wurde 1875 als „Krone des Blauen" eröffnet. 1902 genoss die deutsche Kaiserin Auguste Viktoria mit ihren Kindern einige Tage im Kurhotel auf der Höhe.

4 **Titisee:** Er ist die Ikone des Südschwarzwalds – kein See leuchtet intensiver, geheimnisvoller und mystischer als der Titisee. Endmoränen des Feldberg-Gletschers formten das heutige Ufer. Einer Sage nach soll er unergründlich tief sein und einst eine Stadt überflutet haben. Sein Name geht vermutlich auf den Alemannenfürsten Titin zurück, der rund um den

sagenhaften See zu jagen pflegte. Kurios: In den 1930er-Jahren organisierte der ADAC im Winter Auto- und Motorradrennen auf dem gefrorenen Titisee, es kamen weit über 10.000 Zuschauer. Höhepunkt waren halsbrecherische Rennen zwischen Motorfahrzeug und Flugzeug.

5 **Wutachschlucht:** „Deutschlands größter Canyon" beeindruckt mit der wilden Kraft der Wutach, die sich durch enge Schluchten mit steil aufragenden Felswänden, rauschenden Wasserfällen und dschungelartiger Vegetation ihren Weg bahnt. Die Wutachschlucht steht unter Naturschutz und wer sich für Geologie und die einzigartige Tier- und Pflanzenwelt interessiert, sollte die Schlucht mit dem Wutachranger erkunden. Die kleineren Nebenschluchten Gauchachschlucht, Engeschlucht sowie die Lothenbachklamm stehen in Schönheit und Wildheit der großen Schlucht keinesfalls nach. Mein persönlicher Schluchten-Favorit ist die Gauchachschlucht.

6

Schauinsland: Der Schauinsland ist Freiburgs Hausberg und erhebt sich 1284 Meter über die Stadt und trägt seinen Namen zu Recht. Die Aussicht auf Alpen, Vogesen und die benachbarten Gipfel des Schwarzwalds ist einfach phänomenal. Auf dem Berg beeindrucken die windgefurchten Weidbuchen. Eine Fahrt mit der Schauinslandbahn, Deutschlands längster Umlaufbahn, bringt Gäste in 20 Minuten auf den Gipfel und ist ein echtes Highlight.

7 **Zweribach-Wasserfälle:** Bei Simonswald, in einer der wildesten Ecken des Südschwarzwalds, tost der Zweribach-Wasserfall über mehrere Fallstufen. Der Weg zu den Fällen führt durch Bannwald mit teils alpinem Gelände, die Brücken und Stege erfordern Trittsicherheit. Wer den Weg auf sich nimmt, wird mit einem eindrücklichen Naturschauspiel belohnt. Das Wasser rauscht in einem Strahl einen Felsen hinab, sammelt sich in einem Becken, bevor es sich über die nächste Fallstufe ergießt. Das rauschende Wasser fällt eine 15 Meter hohe Felswand hinab, dabei teilt es sich in kleine Abläufe und glitzert im Sonnenlicht wie ein Schleier.

8 **Ravenna-Schlucht:** Durch ein wildes, dschungelartiges Seitental des Höllentals windet sich der Wildbach Ravenna und rauscht über viele Wasserfälle und Kaskaden zu Tal. Eine Wanderung durch die Schlucht, die mit Stegen, Treppen und Geländern gesichert ist, erfordert Trittsicherheit, belohnt mit einer herrlichen Wanderung durch eine verwunschene Schlucht. Das Viadukt der Höllentalbahn, die sich am unteren Ende befindet, ist durch den dort stattfindenden Weihnachtsmarkt überregional bekannt.

9 **Nonnenmattweiher:** Der kleine Karsee liegt mitten in einem Naturschutzgebiet im Kleinen Wiesental auf 915 Meter Höhe und ist einer der höchstgelegenen Seen im Schwarzwald. Er ist ein Kleinod von besonderer Schönheit und bietet seltenen Arten wie Erdkröte, Bergmolch, Zitronengirlitz, Auerhuhn, Fadenmolch und Bergeidechse Lebensraum. Auf der schwimmenden Torfinsel wachsen Wollgras, Moosbeere und Rundblättriger Sonnentau. Der Karsee kann auf einem Wanderweg erkundet werden, es gibt eine ausgewiesene Badebucht, die an heißen Tagen sehr beliebt ist.

10 **Kandel:** Der 1241 Meter hohe Kandel, zwischen Waldkirch und St. Peter gelegen, ist auch als Hexenberg bekannt. Viele Legenden und Sagen ranken sich um den mächtigen Klotz, der sich pyramidenförmig aus der Rheinebene erhebt. Im Mittelalter galt er als Versammlungsort der Hexen. Und der Spuk ging weiter, brach doch ausgerechnet in der Walpurgisnacht 1981 ein großer Teil des Kandelfelsens, die Teufelskanzel, ab. Heute lädt der Berg als „Berg der Kräfte“ zu ausgedehnten Wandertouren ein. Die Kandelpyramide auf dem Gipfel ist ein trigonometrischer Punkt, der 1825 für die Landesvermessung errichtet wurde.

Kurioses und Besonderheiten

AUS DEM SÜDSCHWARZWALD

✓ **Stachelsporiges Brachsenkraut –** Es ist keine ausgesprochene Schönheit, doch das Stachelsprorige Brachsenkraut ist eine absolute Besonderheit im Südschwarzwald. Sie zählt zu den seltensten Bärlapppflanzen und kommt in Mitteleuropa nur noch im Feldsee und im Titisee vor. Um zu gedeihen, ist das Brachsenkraut auf klares, kühles Wasser angewiesen. Zu ihrem Schutz ist das Baden im Feldsee nicht erlaubt, am Titisee sind Schutzvorrichtungen installiert.

✓ **Lumbricus Badensis –** Der Badische Riesenregenwurm wird bis zu 60 Zentimeter lang. Er ist ein Relikt aus der letzten Eiszeit und kommt weltweit nur in der Region zwischen Feldberg, Belchen und Wiesental oberhalb von 1000 Metern vor. Er lebt in Erdröhren, die bis zu zweieinhalb Meter tief sein können.

✓ **Striebli –** Die Striebli sind ein süßes Teiggebäck, das im heißen Fett ausgebacken wird. Sie gehören zu den Traditionsgerichten, die früher im Schwarzwald an Feiertagen aufgetischt wurden. Das Backen von Striebli ist eine echte Kunst: Teig, Temperatur und der Umgang mit dem Striebli-Löffel wollen gelernt sein. Dass die luftig-süße Backspeise eine Kalorienbombe ist, daran verschwendet man besser keinen Gedanken.

✓ **Brägel und Brägele –** Vorsicht wer denkt, dass es sich hierbei um Bratkartoffeln (Brägele) handelt. Für Brägel werden ausschließlich festkochende, gekochte Kartoffeln verwendet (Herdöpfel). Diese lässt man über Nacht abkühlen und ruhen wie bei einem guten Teig. Die Herdöpfel werden gerieben oder geraspelt und beidseitig in der Pfanne angebraten, mit Pfeffer und Salz gewürzt. Am besten probiert man sie während der Hochschwarzwälder Brägelwochen.

Cego – So wie der rote Bollenhut den Schwarzwald repräsentiert, gilt Cego im südbadischen als Kulturgut. Cego ist ein Kartenspiel, das in zahlreichen regionalen Varianten gespielt wird und so dermaßen komplex ist, dass man am besten den Cego-Kurs der VHS Hochschwarzwald besucht. Cego wird nicht nur in der Stube oder im Wirtshaus gespielt. Zur Sommersonnenwende am 21. Juni treffen sich eingefuchste Spieler und Spielerinnen in der Feldberg-Gondel zu Turnier und auf *cego-online.de* kann weltweit Cego gespielt werden. Nach über 200 Jahren gibt es ein modernes Cego-Blatt mit Schwarzwälder Motiven von einheimischen Tieren und Trachten, das die Neustädter Illustratorin Fox entworfen hat – das Schwarzwald-Cego.

Hinterwälder Rind – Hinterwälder sind die kleinste Rinderrasse Mitteleuropas. Sie sind grazil, leichthufig, robust, bodenständig und perfekt angepasst für die Steillagen im Südschwarzwald. Sie prägen maßgeblich die Landschaft im Südschwarzwald mit den typischen Allmendweiden und Weidbuchen, die durch den Verbiss der Rinder in bizarren Formen gewachsen sind.

Allemendweiden – Die gemeinschaftlich bewirtschafteten Weideflächen befinden sich nicht in Privatbesitz, sondern werden gemeinsam von den Bauern bewirtschaftet. Es gibt sie so auch nur im Südschwarzwald. Somit sind die Allmendweiden Teil der Kulturgeschichte und für den Natur- und Artenschutz von großer Bedeutung. Auf den Weiden haben sich schützenswerte Lebensräume für Tiere und Pflanzen entwickelt. Charakteristisch für die Allmendweiden sind die zum Teil Jahrhunderte alte Weidbuchen.

Schwarzwälder Fuchs – Der Schwarzwälder Fuchs ist auch als Schwarzwälder Kaltblut, Fuchs, St. Märgener oder Wälderpferd bekannt. Wie auch die Hinterwälder Rinder ist der Schwarzwälder Fuchs optimal an die steilen Lagen des Südschwarzwalds angepasst. Als zugkräftige Pferde wurden die Füchse seit dem Mittelalter für die Waldarbeit eingesetzt. Heute werden die gutmütigen und zugstarken Wälderpferde als Familienpferde, Kutschpferde, aber auch wieder bei der Waldarbeit eingesetzt.

Kuckucksuhr – Wusstest Du, dass das Gehäusedesign der Kuckucksuhr ein Bahnwärterhäuschen darstellt? Robert Gerwig, Gründungsdirektor der Großherzoglich Badischen Uhrmacherschule in Furtwangen rief 1850 einen Design-Wettbewerb aus. Er erhoffte sich dadurch einen Aufschwung für das kriselnde Handwerk der Uhrmacher. Gewonnen hat der Entwurf des aus Lörrach stammenden Eisenbahn-Architekten Friedrich Eisenlohr. Eisenlohr war für die Pläne der Bahnhöfe der Badischen Hauptbahn zwischen Mannheim und Freiburg zuständig und fertigte auch Modelle für 300 Bahnwärterhäuschen an. Sein Entwurf stellte den Uhrenkasten als Bahnwärterhäusle dar. Später wurde die Bahnhäusleuhr mit Motiven aus dem Schwarzwald versehen. Aber wie kam der Kuckuck hinein? Eigentlich wäre doch der Auerhahn viel stimmiger. Mechanisch ist die Tonfolge vom Kuckuck relativ einfach mit einem Blasebalg über zwei Pfeifen zu erzeugen. So ist die Kuckucksuhr bis heute der Exportschlager aus dem Schwarzwald und in aller Welt bekannt.

✓ **Erster Skifahrer auf dem Feldberg** – Am 8. Februar 1891 schreibt ein Mann ins Gästebuch des Feldberger Hofes: „R. Pilet, Dr. Heidelberg – auf norwegischen Schneeschuhen“. Robert Pilet war an diesem Tag mit Skiern von Bärental auf den Gipfel des Feldberges aufgestiegen. Eine Pionierleistung, die die Geburtsstunde des Skifahrens in Mitteleuropa einläutete. Eine Handvoll Todtnauer war vom Skifahren so fasziniert, dass sie im selben Jahr den Skiclub Todtau gründeten – heute noch ältester bestehender Skiclub in Deutschland.

✓ **Erster Skilift der Welt in Schollach** – Schwarzwälder waren schon immer ideenreiche Tüftler. Im Jahr 1900 baute der Schneckenhofbauer Robert Winterhalder seine Getreidemühle zu einem Wasserkraftwerk um, spannte ein Drahtseil von der Mühle zum Hof und konnte fortan das frisch gemahlene Korn bequem in den Speicher transportieren. Wie viele Landwirte beherbergte Winterhalder auch Gäste, die nun vermehrt in den Schwarzwald kamen. Und Winterhalder hatte eine Idee: Er baute Holzmasten, spannte ein weiteres Drahtseil, das mit Laufrollen versehen war – und am 14. Februar 1908 ging der erste Skilift der Welt in Betrieb.

SCHWEDEN
DÄNEMARK
Ostsee
Nordsee
Kiel
SCHLESWIG-
HOLSTEIN
MECKLENBURG-
VORPOMMERN
HAMBURG
Schwerin
BREMEN
BRANDENBURG
POLEN
NIEDERSACHSEN
BERLIN
Hannover
Potsdam
Magdeburg
NORDRHEIN-
WESTFALEN
SACHSEN-
ANHALT
Düsseldorf
SACHSEN
Dresden
Erfurt
THÜRINGEN
HESSEN
RHEINLAND-
PFALZ
Wiesbaden
Mainz
TSCHECHIEN
SAARLAND
BAYERN
Stuttgart
FRANKREICH
BADEN-
WÜRTTEMBERG
München
ÖSTERREICH
SCHWEIZ

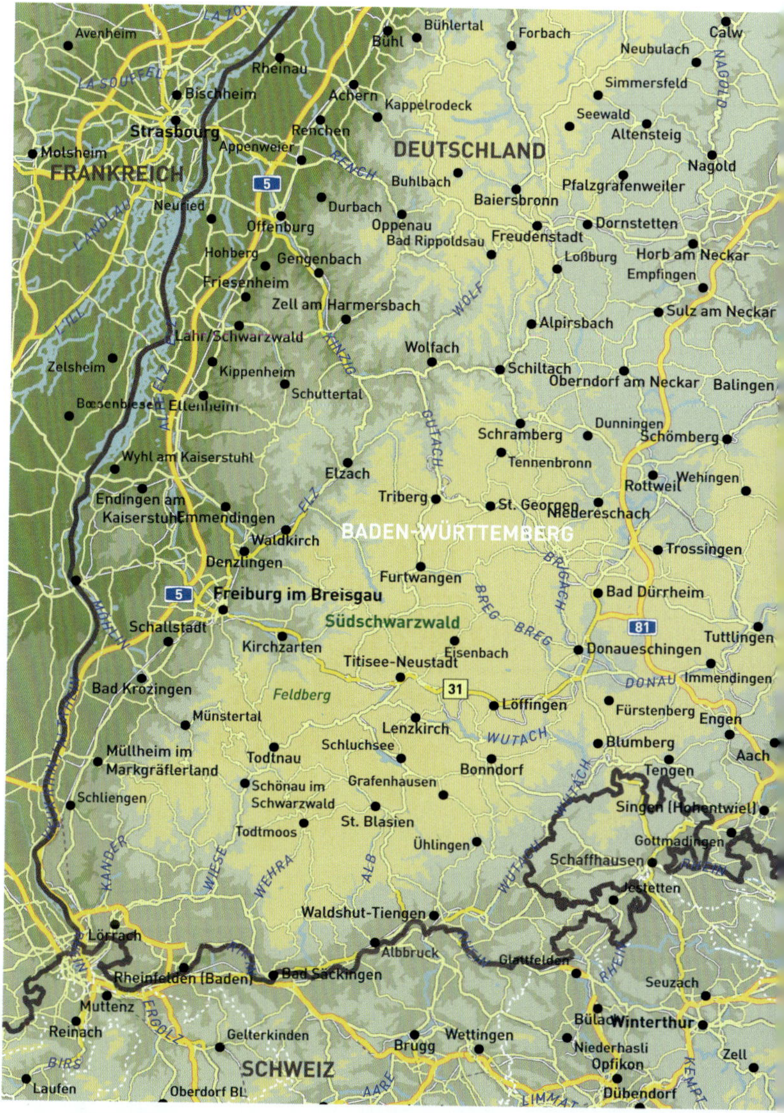
Avenheim
Bühlertal
Forbach
Calw
Rheinau
Bühl
Neubulach
Bischheim
Achern
Kappelrodeck
Simmersfeld
Strasbourg
Renchen
Seewald
Altensteig
Molsheim
Appenweier
DEUTSCHLAND
Nagold
FRANKREICH
5
Buhlbach
Pfalzgrafenweiler
Baiersbronn
Neuried
Durbach
Offenburg
Oppenau
Dornstetten
Bad Rippoldsau
Freudenstadt
Hohberg
Gengenbach
Loßburg
Horb am Neckar
Friesenheim
Empfingen
Zell am Harmersbach
Sulz am Neckar
Alpirsbach
Lahr/Schwarzwald
Wolfach
Zelsheim
Kippenheim
Schiltach
Oberndorf am Neckar
Balingen
Schuttertal
Ettenheim
Dunningen
Schramberg
Schömberg
Wyhl am Kaiserstuhl
Tennenbronn
Elzach
Wehingen
Rottweil
Endingen am Kaiserstuhl
Triberg
St. Georgen
Niedereschach
Emmendingen
BADEN-WÜRTTEMBERG
Waldkirch
Trossingen
Denzlingen
Furtwangen
5
Freiburg im Breisgau
Bad Dürrheim
Südschwarzwald
81
Schallstadt
Tuttlingen
Kirchzarten
Eisenbach
Donaueschingen
Titisee-Neustadt
Immendingen
31
Bad Krozingen
Feldberg
Löffingen
Fürstenberg
Engen
Münstertal
Lenzkirch
Blumberg
Müllheim im Markgräflerland
Todtnau
Schluchsee
Aach
Bonndorf
Tengen
Schönau im Schwarzwald
Grafenhausen
Schliengen
Singen (Hohentwiel)
St. Blasien
Todtmoos
Ühlingen
Gottmadingen
Schaffhausen
Jestetten
Waldshut-Tiengen
Lörrach
Albbruck
Glattfelden
Rheinfelden (Baden)
Bad Säckingen
Seuzach
Muttenz
Bülach
Winterthur
Reinach
Gelterkinden
Wettingen
Brugg
Niederhasli
Zell
Opfikon
SCHWEIZ
Laufen
Oberdorf BL
Dübendorf
LA ZORN
LA SOUFFEL
RENCH
L'ANDLAU
L'ILL
KINZIG
WOLF
ELZ
ALTE ELZ
GUTACH
MÖHLIN
BREG
BRIGACH
DONAU
WUTACH
KANDER
WIESE
WEHRA
ALB
RHEIN
ERGOLZ
BIRS
AARE
LIMMAT
KEMPT
NAGOLD

Rund um den Hochblauen

Herbststimmung im oberen Kandertal

Rund um den Hochblauen

1. Kandern: auf ins Städli – ein Besuch in der Töpferstadt
2. Kandertalbahn: mit dem Chanderli Bahnfahren wie anno dazumal
3. Krume, Kruste, Krusties: Rosis Tantenmühle in Malsburg
4. Malsburg-Marzell: Entdeckertouren uffem Wälder
5. Schloss Bürgeln: Romantik, Rosen und Rokoko
6. Badenweiler: Baden wie die Römer

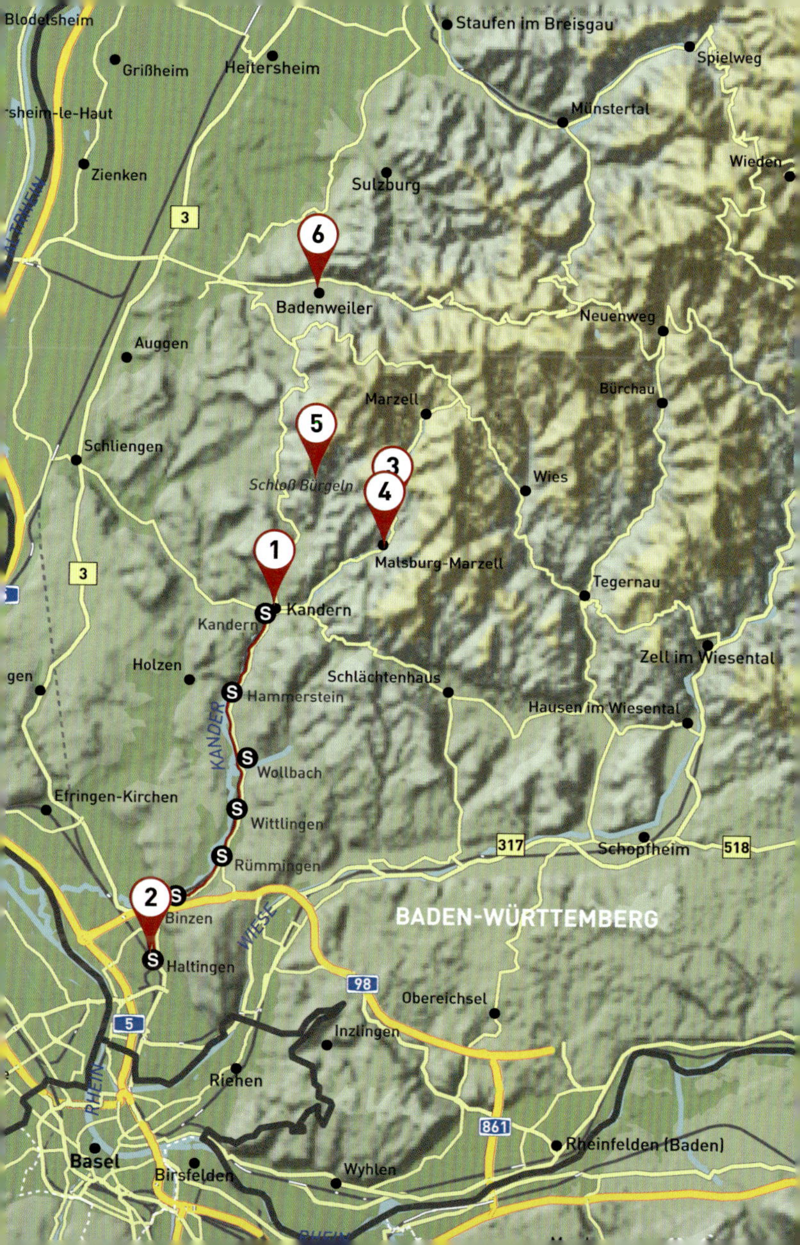
Blodelsheim
Grißheim
Heitersheim
Staufen im Breisgau
Spielweg
Münstertal
Zienken
Sulzburg
Wieden
3
6
Badenweiler
Neuenweg
Auggen
Marzell
Bürchau
5
3
4
Schliengen
Schloß Bürgeln
Wies
1
Malsburg-Marzell
Tegernau
3
Kandern
Kandern
Zell im Wiesental
Holzen
Schlächtenhaus
Hammerstein
Hausen im Wiesental
KANDER
Wollbach
Efringen-Kirchen
Wittlingen
317
Schopfheim
518
Rümmingen
2
Binzen
BADEN-WÜRTTEMBERG
WIESE
Haltingen
98
Obereichsel
5
Inzlingen
RHEIN
Riehen
861
Rheinfelden (Baden)
Basel
Birsfelden
Wyhlen

1 Kandern

AUF INS STÄDLI – EIN BESUCH IN DER TÖPFERSTADT

Die Stadt Kandern, von allen liebevoll das „Städli“ genannt, stellt für mich das Einfallstor zum südlichen Schwarzwald dar. Auf der einen Seite fährt man vom Markgräflerland aus hinein. Fährt man am anderen Ende hinaus, schlängelt sich die Straße Richtung Hochblauen, direkt hinein in den Schwarzwald.

Stadtbummel durch Kanderns Gassen

Kandern besitzt einen ganz eigenen Charme, den es zu entdecken gilt. Ein bisschen Klassizismus, ein bisschen mediterranes Flair, ein bisschen Schwarzwald. Und das gelingt am besten bei einem Stadtbummel durch die kleinen Gässchen und über den Blumenplatz, der zu Recht als einer der schönsten klassizistischen Anlagen im süddeutschen Raum gilt. Jedes Jahr im September findet dort der über die Region hinaus bekannte Keramikmarkt statt.

Kandern hat als Töpferstadt eine lange Tradition vorzuweisen, gab es hier doch ergiebige Tonvorkommen. Im 19. Jahrhundert waren es die Hafner (so wurden früher die Töpfer oder Keramiker bezeichnet), die vor allem Gebrauchskeramik herstellten. In der Hafnergasse wurden Geschirr, Ofenkacheln und Ziegel gefertigt. Später bezogen berühmte Keramiker in Kandern ihr Atelier, darunter Max Läuger, Richard Bampi, der zur künstlerischen Avantgarde des frühen 20. Jahrhunderts zählte, und Horst Kerstan, ebenfalls ein Künstler von internationalem Ruf. Heute sind es die Keramikerinnen Sabine Kluge (Atelier Hackenjos) und Corinna Smyth (seomraCré), die Kanderns Tradition für Keramikkunst weiterführen und beim Tag der offenen Töpferei Einblicke in ihr Handwerk geben.

Der jährliche Töpfermarkt ist Besuchsmagnet

Ein weiteres Kleinod befindet sich in der Ziegelstraße: Das Heimat- und Keramikmuseum beein-

Das Heimat- und Keramikmuseum

druckt von außen durch das spätgotische Staffelgiebelhaus aus dem 16. Jahrhundert. Innen finden sich Schätze, die die Stadtentwicklung, die Badische Revolution (in der Nähe auf der Scheideck fand das Gefecht zwischen Heckers Revolutionären und General von Gagern statt) und natürlich die Entwicklung der Kanderner Töpferei vom späten Mittelalter bis heute darstellt.

Einer der bekanntesten Maler des Expressionismus fand im „Städli" den „Kern der Welt" und bezeichnete seine Besuche als „herrliche Naturschlemmerei". August Macke war schwer in Kandern verliebt, eine Liebe, die bis heute ihre Spuren hinterlassen hat. Wer auf ihnen wandeln möchte, dem sei der „August-Macke-Rundweg" ans Herz gelegt. Am besten bei einer Führung, bei der August Macke „höchstpersönlich" (Schauspieler Wigand Neumann) durch's Städli führt.

Filmfreunde zieht es ins Kanderner Kino, das zum großen Teil so erhalten geblieben ist wie zur Anfangszeit, als es 1956 eröffnete. Im unter Denkmal stehenden Kinosaal mit Balkon und der rot gepolsterten Bestuhlung laufen noch heute alte Filme mit dem prä-digitalen Bauer Projektor. Technisch ist das vom Verein Kommunales Kino Kandern e. V. Betriebene Kino auf dem neusten Stand. Mit dem hochkarätigen Programm und dem nostalgischen Flair hat sich das Kanderner Kino einen großen Freundeskreis geschaffen.

Herrlich erfrischend – andere sagen kalt – ist der Sprung ins Becken des Kanderner Freibads. Hier sprudelt das Wasser aus der alten Riedlinger Quelle und sorgt an heißen Sommertagen für Abkühlung.

Eine Einkehr rundet den Besuch in Kandern kulinarisch ab, so wie einst, als es in Kandern den großen Viehmarkt gab und der

Kauf oder Verkauf im Wirtshaus gefeiert wurde. Im historischen Gasthaus Zur Schnecke speist man im Gastraum mit der original aus dem Jahr 1893 stammenden Eichenvertäfelung. Hier kocht der Chef hausgemachte badische Küche. Das Café und Bistro Miss Gugelhupf serviert feinen Kaffee und ganztags Frühstück und kleine Speisen.

Info

Lage: Kandern liegt etwa 40 Kilometer südlich von Freiburg in Breisgau.

Info: Tourist Information Kandern, Hauptstraße 18, 79400 Kandern, Tel. 07626 972356

Website: *kandern.de*

Aktivitäten:

- Heimat- und Keramikmuseum: Ziegelstraße 30, 79400 Kandern, *museum-kandern.de*
- Stadtführungen: „Mit August Macke durch Kandern" oder „Mit ‚em Hafner Luis´ durch Kandern", Termine und Anmeldung jeweils über die Tourist Info, Dauer etwa 90 Minuten
- Kommunales Kino Kandern: Hauptstraße 28, 79400 Kandern, *kino-kandern.de*
- Keramikateliers: Hakenjos (Hauptstraße 2, 79400 Kandern, *hakenjos-keramik.de*) und seomraCré (Haupstraße 14, 79400 Kandern, *corinna-smyth.de*)
- Kanderner Keramikmarkt: jährlich in der zweiten Septemberhälfte, mit Keramiker und Keramikerinnen aus dem gesamten Bundesgebiet sowie aus dem Ausland, *keramikforum.de*

Einkehren:

- Gasthaus Zur Schnecke: historische Wirtschaft, ideale Etappenunterkunft für Westwegwanderer; Ziegelstraße 8, 79400 Kandern, *zur-schnecke.de*
- Café und Bistro Miss Gugelhupf, An der Fischermühle 1, 79400 Kandern, *missgugelhupf.de*

2 Kandertalbahn

MIT DEM CHANDERLI BAHNFAHREN WIE ANNO DAZUMAL

Es ist die vermutlich langsamste, aber schönste Art, nach Kandern zu reisen: Mit der Kandertalbahn, von allen das Chanderli genannt, die während der Sommermonate von Haltingen der Kander entlang bis zum Bahnhof nach Kandern und zurück dampft.

Schon von Weitem ist das Zischen, Pfeifen und Schnaufen zu hören. Jeden 1. Mai ist in Kandern großer Bahnhof angesagt, wenn erstmals das Chanderli nach dem Winterschlaf wieder durchs frühlingsgrüne Kandertal zuckelt. Schaffner und Lokführer in historischen Uniformen, Fahrscheine, die gelocht werden, und begeisterte Mitfahrer, die sich den Wind und Qualm der Dampflok durch die Haare wehen lassen. Eine Fahrt mit dem Chanderli ist Herzensangelegenheit. Ob Oma und Opa mit den Enkeln, Velofahrer, die ihr Rad mitnehmen (E-Bikes ausgeschlossen) und auf dem Radweg zurückradeln, oder Ausflügler, die Kandern erkunden oder durch die Wolfsschlucht wandern wollen: Das Chanderli, die einzige normalspurige Nebenbahn in Baden-Württemberg, die als reine Museumsbahn betrieben wird, begeistert alle.

Am 1. Mai 1895 schnauften erstmals zwei 15 Tonnen schwere Dampflokzüge mit sieben Personenwagen, zwei Post-Packwagen sowie drei offenen und zwei gedeckten Güterwagen auf der 13 Kilometer langen Strecke durchs Kandertal. An Silvester 1983 wurde der Personenverkehr eingestellt. Dass heute die Museumsbahn über die Schienen rollt, ist dem tatkräftigen Einsatz der Mitglieder der Kandertahlbahn e. V. zu verdanken, die sich in ehrenamtlicher Arbeit um Restaurierung, Reparatur, Unterhalt und Betrieb der Fahrzeuge kümmern.

Bei der Lokschuppenführung

Vom Anschlussbahnhof Haltingen aus geht es über eine enge Rechtskurve Richtung Binzen, wo nach 2,4 Kilometern der erste Halt erreicht ist. Danach fährt die Bahn ins idyllische Kandertal. Über die Haltepunkte Rümmingen, Wittlingen und Wollbach schnauft das Chanderli weiter bis nach Hammerstein. An jedem Übergang wird gepfiffen und geläutet, auch das macht den Charme der Zugfahrt aus.

Nach Hammerstein beginnt der schönste Abschnitt der Fahrt: Der Zug rumpelt durch die wildromantische Wolfsschlucht. Unter Volldampf geht es mit maximal 30 Stundenkilometern durch die Felsformationen. Es ruckelt, es rumpelt, man wird kräftig durchgeschüttelt, lächelnd winkt man den vielen Radfahrern und Fotografen zu, die sich entlang der Strecke postiert haben.

Ab dem 1. Mai schnauft das Chanderli vom Bahnhof Kandern bis Haltingen

Mit Volldampf und 30 Stundenkilometern durchs Kandertal

Info

Lage: Das Kandertal liegt südlich von Kandern. Der Ausgangspunkt der Fahrt, Haltingen, ist etwa 23 Kilometer entfernt.

Aktivitäten:

- Fahrt mit der Kandertalbahn: Am Fahrsonntag sind die Schalter in Haltingen und Kandern jeweils 30 Minuten vor Abfahrt geöffnet. Bei Zustieg unterwegs sind die Fahrkarten beim Zugpersonal erhältlich; Fahrplan unter *kandertalbahn.de*
- Lokschuppenführung: Wenn Bahnagent Michel durch den Schuppen führt und seine Anekdoten erzählt, hat schon so mancher Besucher sein Herz für historische Eisenbahnen entdeckt. Bei der Führung lernen Besucher die unterschiedlichen Lokomotiven, Waggons und Gerätschaften kennen. Termine bei der Tourist Info Kandern erfragen, *kandern.de*

HINWEIS: Mein Tipp für den Aufenthalt in Kandern: Auf ein Eis ins Eiscafé Cortina (Hauptstraße 1, 79400 Kandern) und danach durch die Wolfsschlucht zurück nach Hammerstein wandern und dort wieder ins Chanderli steigen.

3 Krume, Kruste, Krusties

ROSIS TANTENMÜHLE IN MALSBURG

Wenn der Duft des frisch gebackenen Buurebrots durch den Mühlenladen zieht, ist in der Tantenmühle Schlangenstehen angesagt. Jeden Dienstag und Freitag heizt Müllermeisterin Rosi in der Frühe den Holzofen an. Ab zehn Uhr sind die ersten Backwaren fertig und zieht Kunden aus nah und fern in den urigen Laden.

Direkt neben der rauschenden Kander steht das markante Gebäude der Tantenmühle. In der Mühle herrscht ohrenbetäubender Lärm. Es rattert, rumpelt und zischt, als würden die alten Holzbalken jeden Augenblick von der Decke stürzen. Mittendrin steht das Herzstück der Tantenmühle: Eine Roncaglia Pneumatic-Getreidewalzenmaschine. Das italienische Fabrikat erinnert an den Motor eines Dampfschiffes mit aufgesetzten Orgelpfeifen. Mit ihren roten und hellblauen Farben sieht die Roncaglia retro aus. Seit 1973 mahlt sie zuverlässig Getreidekorn zu Mehl, Grieß und Dunst. Zwischen Maschine und Mehlsäcken flitzt eine blonde, schlanke Frau umher. Müllermeisterin Roswitha Vollbrecht-Osswald nickt zufrieden. Die Roncaglia läuft wie am Schnürchen, wie damals vor 50 Jahren, als sie als kleines Mädchen in der Mühle saß und ihrem Vater bei der Arbeit zuschaute. Rosi, wie sie von allen genannt wird, führt als Müllermeisterin die seit dem 18. Jahrhundert bestehende Tantenmühle bereits in siebter Generation.

Das Mehl wird in Handarbeit gewogen und verpackt

„Ein guter Teig braucht Mehl, Salz, Wasser und Hefe und viel Zeit", erklärt Rosi. Den Teig richtet sie deshalb immer am Vorabend. Der Backtag startet um sieben Uhr mit der Befeuerung der Holzöfen. Rund zweieinhalb Stunden dauert es, bis der Ofen auf 500 Grad aufgeheizt ist. Sobald die richtige Betriebstemperatur erreicht ist, wird der Teig bei rund 300 Grad eingeschossen, wie es in der Bäckersprache heißt.

Neben dem Buurebrot ist Dinkel-Vollkorn und Kartoffel-Nussbrot bei den Kunden sehr gefragt. Außerdem gibt es Hefezöpfe, Linzertorten, Mailänder und die eigene Kuchenkreation „Malschburger". Rosis Nussschnecken sind legendär und ihre Krusties, eine Art Buurebrot-Ciabatta, und Urbrote aus alten Getreidesorten mit Emmer, Einkorn, Dinkel und Vollkorn-Roggen sehr gefragt. Daneben bietet der Laden eine große Auswahl an eigenen Mehlsorten, regionale Erzeugnisse und Bioprodukte, Teesorten, Bauernhofeis, Nudeln, Tierfutter und vieles mehr.

Rosi Vollbrecht-Osswald ist Müllermeisterin in siebter Generation

Die Tantenmühle ist einer der Orte, wie sie heute selten geworden sind. Hier trifft sich das Dorf, man tauscht sich aus, trinkt einen Kaffee und kauft ein. Und wenn im Frühling der Wälder-Früehlig im Hof rund um die Linde stattfindet, im Sommer das Open-Air-Kino, Theater, Musik und im Advent der Wälderzauber, zieht es Besucher aus der gesamten Region nach Malsburg.

Jeden Dienstag und Freitag gibt es ofenfrisches Brot und Backwaren

Info

Lage: Malsburg-Marzell liegt etwa zehn Kilometer nordöstlich von Kandern. Die Mühle ist in Malsburg, ca. vier Kilometer von Kandern entfernt.

Adresse: Tantenmühle Malsburg, Rathausplatz 14, 79429 Malsburg-Marzell

Aktivitäten: Mühlenführungen und Backkurse, Tel. 07626 7355

Website: *tantenmuehle.de/muehle.html*

4 Malsburg-Marzell

ENTDECKERTOUREN UFFEM WÄLDER

Höhenluft und Höhenmeter von 429 Meter bis zum Gipfel des 1165 Meter hohen Hochblauen, dazwischen liegen Steinbrüche, Burgruine, keltischer Ringwall, historische Kirche, Sagenweg, Kneipp-Tretbecken, Lipple-Loipe. Malsburg-Marzell bietet Raum für Erkundungen auf eigene Faust abseits der ausgetretenen Touristenpfade.

Zwischen Hochblauen und dem eindrucksvollen Gleichen (den Zwillingsbergen Hohwildsberg und Wildsberg) liegen die Ortschaften Malsburg, Vogelbach, Käsacker, Lütschenbach, Kaltenbach, Marzell und die Siedlungen Friedrichsheim und Luisenheim (Reha-Kliniken).

Ob auf dem Westweg der roten Raute folgend zum Hochblauen wandern oder bequem mit dem Auto zum Gipfel fahren – die Aussicht, insbesondere bei Inversionswetterlage, mit Nebelmeer über den Tälern und freier Sicht zu den Alpen, ist phänomenal. Vom Blauenturm bietet sich eine herrliche Rundsicht auf Vogesen, Alpen, Rheinebene, den Belchen und den Schauinsland.

Vom Wanderparkplatz „Auf der Egerten" führt der Westweg (rote Raute) zum Blauengipfel. Am Wegschild „Stockberg" zweigt ein schmaler, unmarkierter Pfad rechts ab, hinauf zum Stockberg. Auf dem Gipfel befinden sich Überreste eines keltischen Ringwalls. Der Stockberg ist vermutlich die höchst gelegene Burgstelle in Baden-Württemberg.

Das 55 Kilometer umfassende Loipennetz des Nordic Aktiv Zentrum des Skiclub Malsburg-Marzell reicht bis zum Nonnenmattweiher und zählt zu den beliebtesten im Südschwarzwald. Außerhalb der Wintersaison kann hier prima gewandert werden. Die Loipen bzw. Rundwege reichen von drei bis 17 Kilometer Länge.

Am Lippleparkplatz befindet sich eine 460 Meter lange, mit Rindenmulch belegte Finnenbahn. Dort findet jährlich am zweiten Samstag im Oktober in der Dämmerung der Fackellauf statt.

Der Blauenturm bietet fantastische Aussichten

Wem danach die Socken dampfen: Ab ins Kneipp-

Tretbecken in Marzell (direkt an der Landstraße Ortsausgang Richtung Lipple/Hochblauen).

Am Ortsrand von Kaltenbach liegt die evangelische Michaelskirche, deren Ursprünge bis ins 11. Jahrhundert zurückreichen. Die markante Kirche besteht aus einem rechteckigen klassizistischen Bau mit einem massiven, viergeschossigen, romanischen Glockenturm. Von Kaltenbach führt der Geschichtsweg (ausgeschildert mit dem Wappen der Kaltenbacher, ein roter Löwe) auf acht Kilometern über den Wanderparkplatz Lindenbückle (von dort lohnt ein Abstecher zur nahe gelegenen Sausenburg), nach Käsacker und über die Lippisbacher Höfe zum Endpunkt nach Schloss Bürgeln.

Die Sausenburg, eine Burgruine mitten im Wald, liegt auf 665 Metern auf einem Ausläufer des Hochblauen. Die Ruine ist von einem bis zu 17 Meter breiten Ringgraben umgeben. Der rund 20 Meter hohe Bergfried ist gut erhalten und begehbar. Vom Turm aus genießt man einen wunderbaren Blick auf Vogelbach und die beiden Gleichen. Im Innenhof befinden sich Grillstelle und Bänke.

Die Sausenburg liegt versteckt im Wald

Info

Lage: Malsburg-Marzell liegt etwa zehn Kilometer nordöstlich von Kandern.

Aktivitäten:

- Wandern: Der Wanderparkplatz Lindenbückle liegt oberhalb des Ortsteils Vogelbach. Zum Wanderparkplatz auf der Egerten zweigt man nach der Ortsausfahrt Marzell nach links auf die K140 ab, zum Wanderparkplatz Lipple zweigt man nach rechts auf die K140 ab. Die Parkplätze befinden sich rechter Hand und linker Hand der Landstraße.
- Nordic Aktiv Zentrum Lipple-Kreuzweg: Loipennetz und Wegbeschreibungen, *lipple.de*
- Burgführung: Wigand Neumann bietet als Burgherr Markgraf Wilhelm von Hachberg-Sausenberg eine schauspielerische Burgführung an. Festes Schuhwerk und durchschnittliche Fitness erforderlich. Reservierung und Info: Tourist-Info Kandern, Hauptstraße 18, 79400 Kandern, Tel. 07626 972356, *kandern.de/seite/366045/tourist-information.html* und *kandern.de/seite/365329/führungen-besichtigungen.html*
- Kneipp-Tretbecken: in Marzell, direkt an der Landstraße Ortsausgang Richtung Lipple/Hochblauen

Einkehren:

Malsburg-Marzell hatte einst eine ansehnliche Anzahl von Wirtshäusern in allen Ortsteilen. Übrig geblieben sind

- Gaststätte Hirschen: Talstraße 4, 79429 Malsburg-Marzell, Tel. 07626 977877, *hirschen-malsburg.business.site*
- Gasthaus Kranz: Rathausplatz 2. Tel. 07626 972454, 79429 Malsburg-Marzell, *gasthaus-kranz.net*

HINWEIS: Zur besseren Orientierung empfehle ich, eine Wanderkarte in den Rucksack zu packen und sich auf Funklöcher einzustellen.

5 Schloss Bürgeln

ROMANTIK, ROSEN UND ROKOKO

Schloss Bürgeln liegt eingebettet zwischen den Ausläufern des Hochblauen auf dem weit über dem Rheintal liegenden Bürgelnberg. Die Architektur des frühklassizistischen Schlosses mit seiner verspielten Rokokofassade vermittelt etwas verträumt Erhabenes. Komplettiert wird das durch die traumhaft idyllische Parkanlage, in der man sich den lauen Wind um die Nase wehen lässt oder sich auf eine Bank zurückzieht, um mit einem guten Buch zu verweilen. Allein der Aussicht und des wunderschönen Rosengartens wegen lohnt sich ein Besuch.

Zusammen mit dem 1165 Meter hohen Hochblauen ist Schloss Bürgeln eine Landmarke im südlichen Schwarzwald. Das Schloss besitzt eine verträumte Parkanlage mit einem fantastischen Ausblick auf die Rheinebene mit den Vogesen, in den Schweizer Jura, in den Sundgau und bei gutem Wetter bis zu Eiger, Mönch und Jungfrau.

Schloss Bürgeln ist Ort kultureller Begegnung. Vorträge, Lesungen, Konzerte beleben die Räumlichkeiten, die vom Bürgeln-Bund e. V. verwaltet werden. Äußerst beliebt ist die romantische Anlage für Hochzeitsfeiern. Für standesamtliche Trauungen steht der Bildersaal offen, kirchlich getraut wird in der Schlosskapelle.

Vermutlich stand einst an dieser Stelle eine keltische Fliehburg, auf der später eine Kapelle

Der Park bietet einen Rückzugsort für stille Stunden

errichtet wurde. Die Ritter von Kaltenbach spielten am Ende des 11. Jahrhunderts eine große Rolle, sowohl kirchlich als auch politisch. Die gesamte Familie trat 1125 in das Benediktinerkloster St. Blasien ein und stifteten dem Kloster ihren gesamten Besitz. Auf dem Berg gründeten Mönche eine Kirche, daraus entstand eine Propstei, die die Güter verwaltete. 1762 beauftragten Fürstabt Troger und der Bürgeler Propst Mader den Baumeister Franz Anton Bagnato mit einem Neubau. Unter seiner Hand entstand der frühklassizistische Schlossbau mit dem Rokokodekor.

Die Innenräume beinhalten zahlreiche Schmuckstücke

Später wurde das Kloster versteigert, unter verschiedenen

Die prunkvolle Westfassade von Schloss Bürgeln

Besitzern verkam das Anwesen. 1920 fanden sich Bürger zum Bürgeln-Bund zusammen, der Eigentümer wurde. In dieser Zeit stieß Dr. Richard Sichler, ein umtriebiger Industrieller und Generaldirektor der Dresdner Lingner-Werke (Hersteller des Odol Mundwasser), zum Bürgeln-Bund. Er pachtete Bürgeln auf Lebenszeit und setzte einen beträchtlichen Teil seines Vermögens für die Sanierung ein.

Um den Zauber dieses Ortes zu erfassen, rate ich unbedingt zu einer Schlossführung, bei der die Innenräume besichtigt werden und die ehrenamtlichen Schlossführer interessante Anekdoten zu den Zimmern und der historischen Einrichtung erzählen. Der Besuch wird mit einem Abstecher ins Restaurant Schloss Bürgeln abgerundet.

Info

Lage: Schloss Bürgeln liegt etwa fünf Kilometer nördlich von Kandern.

Adresse: Schloss Bürgeln, 79418 Schliengen

Website: *schlossbuergeln.de*

Aktivitäten:

- Schlossführungen: Dauer rund 50 Minuten; Tel. 07626 237

Einkehren:

- Restaurant Schloss Bürgeln: Schloss Bürgeln 1, 79418 Schliengen, Tel. 07626 293, *restaurant-schlossbuergeln.com*

6 Badenweiler

BADEN WIE DIE RÖMER

Badenweiler ist mondän, aber auch verschlafen. Wie eine Diva, die die besten Jahre hinter sich hat, räkelt es sich am Fuße des Hochblauen. Warum sich der Besuch trotzdem lohnt.

Vogelperspektive auf Cassiopeia Therme und Badruine

Nach Badenweiler zieht es mich hauptsächlich wegen der Cassiopeia Therme. Das warme Quellwasser ist eine Wohltat für Körper und Geist. Das wussten bereits die Römer, die vor 2000 Jahren die Badekultur in den Schwarzwald brachten und hier den Grundstein für die größte römische Therme nördlich der Alpen legten.

Kuppelbad, Marmorbad und Außenschwimmbecken bieten auf 1000 Quadratmetern pures Vergnügen, um sich im Wasser zu aalen. Besonders das große Außenschwimmbecken mit der Gegenstromanlage macht richtig Laune. Wellness ist im Römisch-irischen Bad angesagt, bei dem nacheinander unterschiedliche Warm- und Heißlufträume besucht werden. Entspannung bietet die Dachterrasse mit Blick auf die Burgruine Baden. In der Saunalandschaft verhelfen Steinbad, Aroma-Sauna, Kräuter-Sauna, Finnische Sauna, Kristall-Sauna und eine Panorama-Aufguss-Sauna sowie Schwimmbecken zu erholsamen Stunden.

Bei einer Führung durch die Römische Badruine taucht man tief in die spannende Geschichte des Thermalbades ein. Die Badruine befindet sich direkt neben der Cassiopeia Therme und

Römische Badruine

wird durch eine beeindruckende Glaskonstruktion geschützt. 1725 Glasscheiben umgeben die Anlage mit einer durchsichtigen Kuppel. Die 93 Meter lange und 33 Meter breite Thermalruine war einmalig im Römischen Reich: Sie wurde als perfekt symmetrische Doppelanlage konstruiert. Vielleicht gab es getrennte Bäder für Männer und Frauen oder ein Teil war römischen Bürgern vorbehalten, während der andere Teil der einheimischen Bevölkerung zur Verfügung stand.

An der Geburtsstätte des Heilbads befindet sich das sogenannte Inhalatorium, das einstige Quellheiligtum der Kelten und Römer, die der Göttin des Schwarzwaldes, Diana-Abnoba, gewidmet war. Im Innenraum des Inhalatoriums befindet sich eine Brunnenschale mit sprudelndem Thermalwasser und eine Zapfstelle zum Wassertrinken.

Der Kur- und Schlosspark gilt als einer der schönsten deutschen Parkanlagen. Er beheimatet auf 22 Hektar Oleander, Magnolien, riesige Zedern, Bananen, Zitronen, Palmen, Bambus, Eukalyptus sowie über 100 verschiedene Heilpflanzenarten im Hildegard-von-Bingen-Garten. Majestätisch ragen die bis zu 150 Jahre alten Mammutbäume in den Himmel. Hier gedeihen aufgrund des milden Klimas Pflanzen, die sonst nur in botanischen Gärten heranwachsen. In der Kurparkgärtnerei wurden die Pflanzen großgezogen und ins Treibhaus zum Überwintern gebracht. In den Gewächshäusern sind viele tausend Pflanzen, exotische Bäume und Sträucher herangezogen worden. Gärtnermeister Harald Schwanz führt Besucher durch die eindrucksvolle Kur-

Kurpark und Burgruine

parkgärtnerei und erzählt aus der Geschichte von Gärtnerei und Park.

Mächtig erhebt sich hinter dem Kurpark die Burgruine, die von einem englischen Landschaftsgarten umgeben ist. Errichtet wurde die Burg vermutlich im 12. Jahrhundert. Besonders reizvoll ist ein Abendspaziergang durch die beleuchtete Ruine.

„Wenn Du wüsstest, was hier für eine Sonne ist! Sie brennt nicht, sie liebkost", schrieb der russische Schriftsteller Anton Tschechow in einem Brief. Tschechow weilte in Badenweiler, um seine Tuberkulose zu behandeln. Leider erfolglos. Er starb 1904 während seines Kuraufenthaltes. Heute erinnert das Literarische Museum Badenweiler „Tschechow-Salon" an den Dramatiker. Das Museum zeigt Exponate, Film- und Tondokumente zu Tschechow und weiteren Schriftstellern und Schriftstellerinnen, die mit Badenweiler verwoben sind.

Info

Lage: Badenweiler liegt etwa 13 Kilometer nördlich von Kandern.

Adresse: Cassiopeia Therme, Kaiserstraße 5, 79410 Badenweiler

Website: *staatsbad-badenweiler.de*

Aktivitäten:

- Kurparkführungen: Termine und Infos bei der Badenweiler Tourismus GmbH, Schlossplatz 2, 79410 Badenweiler, Tel. 07632 218960, *badenweiler-tourismus.de*
- Literarisches Museum Badenweiler „Tschechow-Salon": Ernst-Eisenlohr-Straße 4, 79410 Badenweiler, *literaturmuseum-tschechow-salon.de/de*

Entdeckungen im
Kleinen Wiesental

Auf der geschützten Torfinsel wächst im Frühsommer Wollgras

Entdeckungen im Kleinen Wiesental

7. Nonnenmattweiher: die dunkle Perle im Kleinen Wiesental
8. Blumencafé-Landgasthof Rosenstübchen: Schwelgen bei Kuchen, Tartes und Torten
9. Sagenweg Schweizermühle: sagenhaft wandern entlang der Köhlgartenwiese
10. Mit den Silbermättle-Alpakas in Wies: gemächlich über Stock und Stein
11. Wirtshausmuseum Krone Tegernau: Wirtshausleben wie anno dazumal und ein Schisshüslifest
12. Sennhütte Schwand: Veschpern beim Naturpark-Wirt
13. Vom Kuhbusch zur Weidbuche: die schönsten stehen im Wiesental
14. Schneiderhof Museum Kirchhausen: zum Z'morge schwarzer Kaffee und Bröckeli

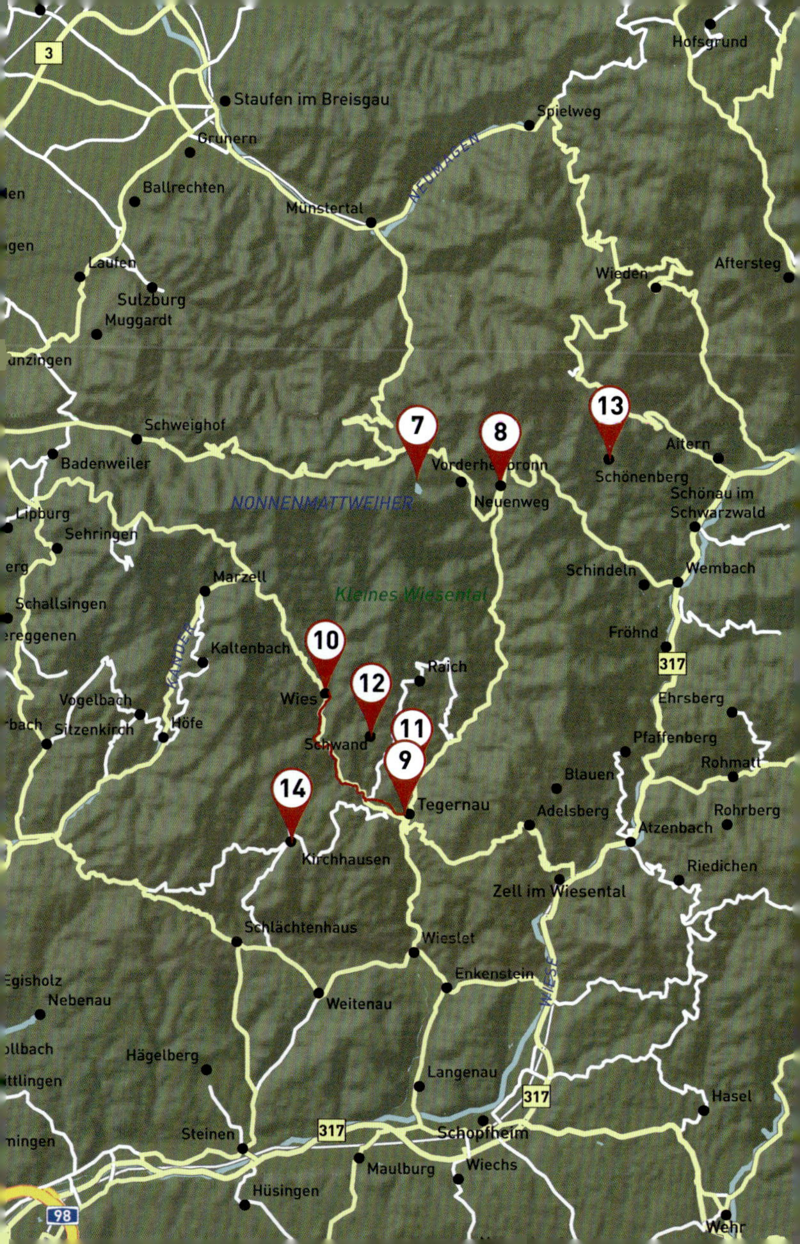

3
Staufen im Breisgau
Grunern
Ballrechten
Münstertal
Neumagen
Spielweg
Hofsgrund
Laufen
Sulzburg
Muggardt
Wieden
Aftersteg
Schweighof
Badenweiler
7
8
13
Vorderheubronn
Neuenweg
Schönenberg
Aitern
Schönau im Schwarzwald
Nonnenmattweiher
Lipburg
Sehringen
Marzell
Kleines Wiesental
Schindeln
Wembach
Schallsingen
Kander
Kaltenbach
Fröhnd
317
10
12
Raich
Wies
Vogelbach
Sitzenkirch
Höfe
11
Schwand
9
Ehrsberg
Pfaffenberg
Rohmatt
Blauen
14
Tegernau
Adelsberg
Rohrberg
Atzenbach
Kirchhausen
Riedichen
Zell im Wiesental
Schlächtenhaus
Wieslet
Egisholz
Nebenau
Weitenau
Enkenstein
Wiese
Hägelberg
Langenau
317
Hasel
Steinen
317
Schopfheim
Maulburg
Wiechs
Hüsingen
98
Wehr

7 Nonnenmattweiher

DIE DUNKLE PERLE IM KLEINEN WIESENTAL

Der Nonnenmattweiher, ein Relikt aus der letzten Eiszeit, ist einer der schönsten Karseen im Schwarzwald. Er liegt im gleichnamigen Naturschutzgebiet und sollte mit gebotenem Respekt und Rücksicht besucht werden.

Auf der schwimmenden Torfinsel ...

Der 325 Meter lange und 200 Meter breite Nonnenmattweiher liegt auf 915 Metern und ist von felsigen, bewaldeten und steilen Karwänden des Köhlgartenmassivs eingefasst. Die Seeoberfläche schimmert in einem mystischen Dunkelblau, was dem Naturidyll eine besondere Atmosphäre verleiht.

Einer Sage nach soll sich hier einst ein Nonnenkloster befunden haben, das als Gottesstrafe in den See verbannt wurde. Bei einer Tiefe von sieben Metern fragt man sich, wo das Kloster wohl geblieben ist. Stimmiger dürfte sich der Name von der ehemaligen Weidefläche, die sich hier befunden hat, bevor der See aufgestaut wurde, herleiten. Hier weidete das Vieh, das im alemannischen als Nunne oder Nonne (weibliches Rind) bezeichnet wurde.

... wächst im Frühsommer Wollgras

Der Karsee verlandete bereits im Mittelalter und bildete ein Hochmoor. Später wurde er aufgestaut und für den Betrieb der talwärts liegenden Mühlen verwendet. Durch das Aufstauen lösten sich Teile des Moorbodens, der heute als schwimmende Torfinsel im See verweilt (Betreten strengstens verboten). Auf der Torfinsel wachsen Wollgras, Sonnentau und Moosbeeren, das Seeufer ist Heimat vieler geschützter Arten wie Erdkröte, Bergmolch, Zitronengirlitz, Auerhuhn, Fadenmolch und Bergeidechse.

Es gibt eine Badebucht, in der das Schwimmen erlaubt ist. Der restliche See mit der Torfinsel ist durch Baumstämme abgetrennt. Für Hunde herrscht ein generelles Badeverbot. Als im Rahmen einer Naturstudie vor einigen Jahren ein Schwimmverbot angesprochen wurde, war der Aufschrei der Bevölkerung aus den umliegenden Gemeinden groß.

Der See lässt sich auf einem Pfad umrunden, wobei selbstredend ist, dass die Uferzone geschützt und ein Betreten tabu ist. Wer den Karsee in seiner Schönheit von oben sehen möchte,

Die Fischerhütte ...

dem empfehle ich die Wanderung hoch zum Weiherfelsen auf 1050 Metern (rund zwei Kilometer ab der Fischerhütte der gelben Raute folgen). Der steile Pfad entlang der Karwand erfordert Trittsicherheit und Schwindelfreiheit.

Auf dem Weg zum Nonnenmattweiher befindet sich die Fischerhütte. Eine heimelige, urige Hütte in der einfache, aber richtig leckere Speisen auf der Karte stehen. Hier räuchert Chef Werner die Forellenfilets noch selbst, auch Fleisch- und Wurstwaren stammen aus der eigenen Produktion. Hüttenwirtin Rosi serviert aus dem Fenster heraus Speisen und Getränke für die Gäste, die es sich draußen auf den Holzgarnituren gemütlich machen. Neben hausgemachten Kuchen, Suppen und selbst gebrannten Schnäpsen stehen wechselnde Gerichte auf dem Speiseplan, der draußen an der Hütte angeschlagen ist. Und nicht selten herrscht in der Hütte beste Stimmung, wenn einheimische Musiker zu Besuch kommen und zu den Instrumenten greifen.

... ist legendär für ihre geräucherten Forellenfilets

Info

Lage: Das Kleine Wiesental liegt etwa 42 Kilometer südlich von Freiburg im Breisgau. Der Nonnenmattweiher liegt bei Vorderheubronn, das etwa 15 Kilometer östlich von Badenweiler liegt.

Einkehren:

- Fischerhütte Nonnenmattweiher, 79692 Kleines Wiesental, Tel. 0162 8667212, *fischerhuette-nonnenmattweiher.de*

8 Blumencafé-Landgasthof Rosenstübchen

SCHWELGEN BEI KUCHEN, TARTES UND TORTEN

Durch und durch in Weiß gehalten präsentiert sich das Interieur des Hauses, das ganz im Landhausstil daherkommt. Bis ins kleinste Detail sind alle Einrichtungsgegenstände aufeinander abgestimmt und liebevoll drapiert: Porzellan mit Rosendekor, Vasen, Dekorationsartikel wie kleine Tiere und Herzchen. Wer sich an den Wohn- und Lifestyle-Accessoires nicht stört, der fühlt sich im „La Maison Blanche", wie die Inhaberfamilie Matt das Haus nennt, sichtlich wohl. Wem es drinnen zu üppig ist, der findet bei schönem Wetter auf der Außenterrasse ein lauschiges Plätzchen.

Wer durch Neuenweg im Kleinen Wiesental fährt, dem fällt in der Ortsmitte das schmucke weiße Haus mit den grünen Fensterläden und der üppigen Pflanzenpracht ins Auge. Wer weiterfährt, dem ist nicht zu helfen: Das Rosenstübchen beherbergt eines der feinsten Cafés im Südschwarzwald.

Herzstück des Rosenstübchens ist das große Kuchenbuffet, bei dessen Anblick einem bereits das Wasser im Munde zusammenläuft. Die Auswahl ist so vielfältig und außergewöhnlich. Jeder Kuchen, jede Tarte und jede Torte sieht so unwiderstehlich lecker aus. Üppig und sahnig lockt die Schwarzwälder Kirschtorte, aber auch eine Heidelbeertarte mit selbst gesammelten Heidelbeeren buhlt um die Gunst des Gaumens. Dann schwankt der Blick zwischen Käsesahne und

Schokoladentorte. Auch der Mohn-Marzipan mit Streusel lacht einen an. Wer sich nicht entscheiden kann, der wählt das doppelte Kuchenerlebnis und bekommt die beiden Stücke, liebevoll angerichtet mit frischem Obst und feiner Sahne, auf einem Teller serviert. Schließlich isst das Auge ja bekanntlich mit. Dazu gibt es feinen Kaffee, Eiskaffee oder eine große Auswahl an Teesorten.

Im Rosenstübchen

Alle Kuchenspezialitäten werden frisch im Haus zubereitet. Auf Vorbestellung gibt es ab zwei Personen ein reich bestücktes Genießer-Frühstück. Zudem werden täglich Waien, Salate und kleinere Speisen zubereitet. Das Landgasthaus kocht regionale und saisonale Gerichte nach Großmutters Rezepten. Ganzjährig wird Freitag, Samstag und Sonntagabend ab 18 Uhr auf Vorbestellung ab zwei Personen ein Fondue-Abend abgehalten. Zur Auswahl stehen das klassische Käsefondue oder Fleisch-Fondue Chinoise, serviert in klassischem Eisenguss-Caquelon.

Info

Lage: Neuenweg liegt an einem wichtigen Knotenpunkt – von Norden her führt die L131 von der Sirnitz her, sowie die L139, Hauptverkehrsader durch das Kleine Wiesental.

Adresse: Blumencafé-Landgasthof Rosenstübchen, Dorfplatz 1, 79692 Kleines Wiesental Neuenweg, Tel. 07673 7450

Webseite: *rosenstuebchen.de*

HINWEIS: Neuenweg liegt am Fuße des 1414 Meter hohen Belchen. Vom Wanderparkplatz Hau auf der Passhöhe oberhalb des Dorfes führen herrliche Wanderwege zum Belchen; der Weiler Heubronn mit dem idyllischen Nonnenmattweiher liegt nur wenige Kilometer entfernt.

9 Sagenweg Schweizermühle

SAGENHAFT WANDERN ENTLANG DER KÖHLGARTENWIESE

Die Köhlgartenwiese ist ein munterer Gebirgsbach, der am Südhang des 1224 Meter hohen Köhlgarten entspringt und bei Tegernau in die Kleine Wiese mündet. Auf dem Sagenweg ist viel Interessantes über die Geschichte des Tales zu erfahren.

Der Köhlgarten ist, anders als es sein Name vermuten lässt, ein Gebirgsmassiv, das zwischen den bekannten Bergen Hochblauen und Belchen liegt. Auf dem lang gestreckten Bergrücken rauchten früher zahlreiche Kohlenmeiler, daher rührt auch der ungewöhnliche Name. Eine weitere Kuriosität sind die Gipfelkreuze. Obwohl der Berg keine Spitze hat, stehen gleich zwei Kreuze (eines aus alten Skiern) auf dem Köhlgarten und sogar ein Gipfelbuch gibt es.

Über viele Jahre hinweg bemühte sich der ehrenamtlich tätige örtliche Tourismusverein einen Wanderweg zu installieren, um die Attraktivität des Kleinen Wiesentals zu steigern. Die Landschaft des Kleinen Wiesentals (ein Zusammenschluss der zuvor selbstständigen Gemeinden Bürchau, Elbenschwand, Neuenweg, Raich, Sallneck, Tegernau, Wies mit dem Weiler Stockmatt und Wieslet) ist von Natur aus attraktiv. Mit dem Sagenweg, der größtenteils von ehrenamtlichen Helfern errichtet wurde, erhält die Region einen in sich stimmigen, keinesfalls überfrachteten oder mit überflüssigen Attributen versehenen Pfad, der sich harmonisch in das bislang naturbelassene Landschaftsbild fügt.

Startpunkt der 5,3 Kilometer langen Wanderung ist am Rathaus in Tegernau. Ab dort geht der Sagenweg flussaufwärts bis nach Wies. Unterwegs führt der teils auf Waldwegen, teils auf schmalen Pfaden verlaufende Weg über Holzbrücken und Stege, entlang eines Steinbruchs, durch einen Weidentunnel und durch eine wilde, verwunschene Schlucht, in der es etwas Trittsicherheit braucht.

Weg entlang der Schlucht

Auf etwa halben Weg, direkt am Ufer der Köhlgartenwiese, kurz nachdem der Stauweiher passiert wurde, befindet sich ein kleiner Rastplatz, der sich ideal für eine Vesperpause eignet. Überhaupt gibt es unterwegs immer wieder kleine Bänke und Sitzgelegenheiten, an denen man verweilen kann. Eile ist hier fehl am Weg. Der Pfad will mit allen Sinnen erlaufen werden. Einfach mal eine Weile am Wasser sitzen, den Forellen zuschauen oder mit geschlossenen Augen dem Rauschen der Köhlgartenwiese lauschen und sich an der friedvollen Umgebung erfreuen.

Rastplatz

Auf wunderschön gestalteten Tafeln sind die Sagen nachzulesen, die man früher im Tal erzählt hat. Sie stammen aus mündlichen und schriftlichen Erzählungen und geben einen Eindruck, wie das Leben hier vor 300 bis 500 Jahren ausgesehen hat. Die Sage der Schweizermühle geht zurück auf Ereignisse im Dreißigjährigen Krieg, als plündernde Schwedentruppen durch die Gegend zogen. Der Müller der Schweizermühle, einst Söldner der Schweizer Garde, verteidigte mit seinen Knechten das Tal. Die Schlacht endete mit dem Tod der tapferen Verteidiger, rettete aber den übrigen Bewohnern das Leben.

Eine andere Geschichte berichtet von einer Kräuterfrau, die in einer kleinen Hütte bei der Teufels-Chuchi (Teufelsküche) lebte. Sie wusste immer ein heilsames Mittel zu brauen, wenn es Mensch oder Vieh in den umliegenden Dörfern schlecht ging. Als Dank für ihre Kräutermittel brachten ihr die Genesenen etwas zu Essen. Undankbaren steckte die listige Kräuterfrau einen Dorn in die Schweineblase, sodass der Heiltrunk unbemerkt aus dem Beutel tropfte. Eine andere Geschichte erzählt die Sage der Mühle am Sägengrund, dessen Müller vom Blitz erschlagen und die Mühle von einer Flutwelle des Köhlgarten weggerissen wurde.

Für den Rückweg bieten sich verschiedene Routen über die umliegenden Dörfer an. Sehr empfehlenswert ist der Weg über Sallneck oder Schwand, in beiden Dörfern lädt eine hervorragende Gastronomie zur Einkehr ein. Alternativ erfolgt der Rückweg mit dem Bus oder man läuft den wunderschönen Pfad einfach noch einmal stromabwärts zurück.

Info

Lage: Tegernau liegt etwa acht Kilometer westlich von Zell im Wiesental. Der Sagenweg liegt zwischen Tegernau und Wies.

Wanderung:

- Sagenweg Schweizermühle: Start in Tegernau am Rathaus, Ziel ist Wies, beim Spielplatz. Länge: 5,3 Kilometer, Aufstieg: 170 Höhenmeter, Gehzeit: rund zwei Stunden, Schwierigkeit: einfach, GPS Daten: *schwarzwald-tourismus.info/touren/sagenweg-schweizermuehle-tegernau-2e788d2849*

Website: *kleines-wiesental.eu*

Einkehren:

- Gasthof Hotel Hirschen: Der Gasthof Hirschen liefert auf Vorbestellung ToGo-Wanderpakete mit leckerem Vesper an den Stauweiher; Wieser Straße 7, 79692 Sallneck, Kleines Wiesental, Tel. 07629 249, *hirschen-sallneck.de*
- Restaurant Café Hotel Sennhütte: ganztägig hausgemachte Vesperspezialitäten und Kuchen; Schwand 14, 79692 Schwand, Kleines Wiesental, Tel. 07629 91020, *sennhuette.com*

HINWEIS: In Wies gibt es einen genossenschaftlichen Dorfladen, der einen Besuch wert ist; Wieser Dorfstraße 10A, 79692 Kleines Wiesental, Tel. 07629 912041, *facebook.com/dorfladenwies*

10 Mit den Silbermättle-Alpakas in Wies

GEMÄCHLICH ÜBER STOCK UND STEIN

Milo, Indi und Vagabonde machen es vor, wie das so geht mit der Entschleunigung. Die Schlendertour mit den Alpakas ist gemütliches Achtsamkeitstraining, Naturgenuss und Entspannung in einem.

Vagabonde beäugt mich skeptisch, als wolle er damit ausdrücken, ob das wohl was wird mit uns beiden. Ich halte ihn locker am Halfter und gucke vermutlich genauso wie er. Aber, das haben wir gleich zu Beginn gelernt - sich ruhig zu verhalten, auf Abstand bleiben und keine hektischen Bewegungen machen. Und bloß nicht streicheln. Alpakas sind zwar Herdentiere, aber sie mögen es gerne auf Distanz. So etwas wie Kuscheln kennen sie nicht.

Etwas Erstaunliches geht in mir vor, seit ich die Leine von Vagabonde in der Hand halte. Ich bin im Alpaka-Modus! Diese sanfte, ruhige Ausstrahlung der Alpakas geht augenblicklich auf mich über. Ich erlebe mich und meine Umgebung wacher, konzentrierter und aufmerksamer. Nicht was ich will, ist jetzt angesagt. Ich lasse mich voll auf das Wesen Alpaka ein. Denn, das wird mir und der Gruppe bewusst, nicht wir gehen mit den Alpakas spazieren, sondern sie mit uns. Sie geben das Tempo vor. Und das bedeutet, dass es erst einmal im Stop-and-go den Berg hinauf geht. Ein Alpaka, das keinen Fuß vor den anderen setzt, muss man gewähren lassen. Und sanft zum Weitergehen ermuntern. Dass das hin

Entschleunigt auf Alpaka-Schlendertour

und wieder zu komischen Szenen führt, nehmen wir nach nur wenigen Minuten sehr gelassen hin.

Mit leisen Rufen versuche ich Vagabonde zum Weitergehen aufzumuntern. Er ist der Boss. Geht er nicht, bleiben die anderen ebenfalls stehen. Keine leichte Aufgabe, die mir Karin, Züchterin und Chefin der Silbermättle-Alpakas da zugetragen hat. Ich nehme es gelassen und freue mich, wenn mir Vagabonde vertraut und wir gemeinsam weitergehen. Mit Vagabonde an der Leine erlebe ich die liebliche Wiesenlandschaft mit diesem unglaublich blauen Himmel, mit den knorrigen Weidbuchen und plätschernden Bächen auf einer viel tieferen Ebene. Eben im Alpaka-Modus – chillig, entschleunigend, wohltuend. Und mit viel Lachen und Freude in der Gruppe.

Silbermättle-Alpaka

Auf einem ebenen Weg angekommen, ermutigt uns Karin, mit unserem Alpaka zu joggen. Natürlich nur, wenn sie auch wollen. Ob Vagabonde will? Ich halte ihn locker am Halfter, trabe ein wenig, er geht mit, ich trabe ein wenig schneller, er trabt mit. Und flugs laufen wir gemeinsam durch das sonnengetränkte Tal, bis ich völlig aus der Puste bin und Vagabonde zum Halten bewege. Jetzt haben sich die Alpakas ihr Leckerchen verdient. Karin gibt jedem eine Handvoll Mineralfutter zu fressen. Und nun dürfen wir, aber nur, wenn es die Alpakas auch zulassen, sie sanft am Hals streicheln. Vagabonde will nicht, das zeigt er mir mit seinen angelegten Ohren, also respektiere ich das. Auch ohne Streicheleinheiten fühle ich die besondere Verbindung zu ihm.

Die Sonne wirft ihre letzten Strahlen ins Kleine Wiesental, bald verschwindet sie hinter den Bergen. Auch das habe ich heute im

Alpaka-Modus gelernt: Alpaka-Zeit ist kostbare Zeit, in der jeder Augenblick zählt und jede Minute intensiv gelebt wird. Fast bedauere ich es, dass wir zurück an der Weide sind und ich Vagabonde aus der Hand gebe.

Ein bereichernder Nachmittag, an dem ich vieles über die Alpakas und mich gelernt habe, geht zu Ende. Und ich bin mir sicher, dass ich nicht das letzte Mal Vagabonde am Halfter geführt habe. Und beim nächsten Mal lässt er sich vielleicht auch streicheln.

Vagabonde lehrt mich den Alpaka-Modus

Info

Lage: Wies liegt etwa 13 Kilometer nordöstlich von Zell im Wiesental.

Adresse: Silbermättle-Alpakas, Geißbergweg 2, 79692 Kleines Wiesental, Wies, Tel. 0152 09897049

Websites:

- *silbermaettle-alpakas.de*
- *facebook.com/SilbermaettleAlpakas*

HINWEISE:

- Die Zeit mit den Alpakas dauert zwischen zwei bis 2,5 Stunden.
- Silbermättle-Alpakas ist Partnerbetrieb des Biosphärengebiets Schwarzwald. Die Alpakas leisten als landwirtschaftliche Nutztiere einen wichtigen Beitrag zur Landschaftspflege.

11 Wirtshausmuseum Krone Tegernau

WIRTSHAUSLEBEN WIE ANNO DAZUMAL UND EIN SCHISSHÜSLIFEST

Eine Toilette als historisches Kulturgut ist nicht die einzige Besonderheit des Wirthausmuseums Krone, das eine einzigartige Fotografie- und Postkartensammlung besitzt, die das Wirtshausleben im Kleinen Wiesental dokumentiert. Heute ist die Krone gleichermaßen Museum wie auch Kulturtreffpunkt und Veranstaltungsort.

Wer die Stube der Kronenwirtschaft betritt, fühlt sich augenblicklich in der Zeit zurückversetzt. Die niedere, vom Rauch geschwärzte Decke, in der Ecke der braune Kachelofen, die Theke mit dem original Zapfhahn, das Nebenzimmer, das als Herrenzimmer den Vornehmen des Dorfes vorbehalten war. Eine knorzige Treppe führt hinauf zum Blauen Saal, dem großen Tanz-, Theater- und Festsaal. Hier spielte sich das gesellschaftliche und dörfliche Leben ab. Anders als die Wirtsstube, die damals nur den Männern vorbehalten war, hatten hier auch Frauen Zugang. Die Geburtsstunde der Krone als Gasthaus schlug 1734 mit Erteilung einer Konzession zur Bewirtung und Beherbergung.

Luise Kallfaß

Ab 1975 betrieb Luise Kallfaß als letzte Kronenwirtin das Gasthaus, das nur über eine einfache Küche und die veraltete Toilettenanlage mit Pissoir und Plumpsklo, von allen nur „Schisshüsli" genannt, verfügte. Wirtin „Luisli" hauste im oberen Stockwerk in einer kleinen Kammer und betrieb die Wirtschaft mit großer Leidenschaft, bis sie altersbedingt ihre geliebte Kronenwirtschaft 1996 aufgeben musste.

1997 fand ein Kreis von „Kronen-Freunden" um den ehemaligen Landarzt Dr. Hans Viardot zusammen. In über zehnjähriger ehrenamtlicher Arbeit richteten sie das historische Dorfgasthaus zu einem Wirtshausmuseum her. 2008 war es dann soweit und die denkmalgeschützte

Blick in die Kammer der Kronenwirtin

Wirtshausstube wie anno dazumal

Krone erstrahlte als Wirtshausmuseum mit Konzession zur Betreibung der Gaststätte in neuem Glanz.

Mit Hocks jeden Freitagabend und dem sonntäglichen „Krone-Frühschoppen" wurden heimatgeschichtliche Veranstaltungen und Lesungen abgehalten, die bis weit über die Region hinaus Beachtung fanden. Der Krone-Garten mit dem gewaltigen Kastanienbaum wurde zur Bühne für musikalische Veranstaltungen. Legendär waren die Veranstaltungen des „Schisshüslifestes", bei denen auf launige Weise in Text, Bild und Melodie mit den Begriffen Toilette, Lokus, Latrine, Urinal, Abort, Abtritt, Null-Null, Donnerbalken, Plumpsklo, Klosett, WC, Nachttopf, Potschamber gespielt wird. Eine Hommage an das im Original bestehende, liebevoll restaurierte Plumpsklosett neben dem Gasthaus, das in dieser Art eine echte Rarität darstellt.

Ein preußisches Gesetz von 1884 verpflichtete Wirtshäuser, Schulen und Pfarrämter zur Einrichtung öffentlicher Toiletten. Davor war es üblich, seine Notdurft in der Natur oder auf dem heimischen Misthaufen zu verrichten. Im Winter benutzte man die Potschamber (Nachttöpfe), die man einfach vom Fenster aus entleerte. Am 13. August 1901 erhielt der damalige Kronen-Wirt vom Großherzoglichen Bezirksamt die Genehmigung für die Errichtung eines „Scheißhauses mit Pinkelrinnen, Pissoir sowie Abort für Gäste und Wirtsleute".

Gäste, die heute in die Krone kommen, müssen sich übrigens keine Gedanken über ihren Toilettengang machen. Das Gasthaus verfügt über moderne sanitäre Anlagen.

Der historische Abort der Kronen-Wirtschaft

Lage: Tegernau liegt etwa acht Kilometer westlich von Zell im Wiesental.

Adresse: Museumswirtschaft zur Krone Tegernau, Tegernauer Ortsstraße 4, 79692 Kleines Wiesental, Tegernau

Website: *kuk-kleines-wiesental.de/wirtshausmuseum_krone.htm*

Info

12 Sennhütte Schwand

VESCHPERN BEIM NATURPARK-WIRT

Der Tegernauer Ortsteil Schwand liegt still und verträumt auf 660 Metern und wirkt ein bisschen wie aus der Zeit gefallen. Ein Seelenort, der mit der Sennhütte über einen seit vielen Generationen bestehenden, mit dem Ort verwurzelten Hotel- und Gastronomiebetrieb besitzt.

Die Küche verspricht „Kulinarische Ausflüge und bewährte Klassiker" und dass das im Familienbetrieb der Grethers bestens klappt, beweisen Vater Jürgen und Sohn Maximilian, die gemeinsam in der Küche werkeln. Tradition gepaart mit Innovation, die der Sohn von seinen Lehr- und Wanderjahren, auch in der Sternegastronomie, nach Hause brachte. Während der Vater seine bewährten Klassiker – Geschnetzelte Kalbsleber, Rinderrückensteak, Cordon Bleu oder frische Schwarzwaldforelle nach Müllerin Art auftischt, kocht der Sohn den Skrei mit Schnittlauch-Beurre-Blanc und Risotto de Café de Paris.

Traumhafte Lage

Die Anfänge der Sennhütte reichen zurück ins Jahr 1898, als der Besitzer der Molkerei einen Antrag auf Erteilung eines Schankwirtschaftsrechts stellte. Künftig durfte er neben der Herstellung und dem Verkauf eigener Käseprodukte auch Gäste bewirten. 1918 wurde die Sennhütte übernommen und befindet sich seitdem in Familienbesitz der Grethers, die das Haus kontinuierlich ausbauten und erneuerten. Wer rundherum keinerlei Attraktionen benötigt, auf unverbaute Landschaft und leichte Wanderwege Wert legt, der wird in der Sennhütte eine Oase der Ruhe für eine besinnliche Auszeit finden.

Die Sennhütte gehört zu den Naturpark-Wirten im Naturpark Südschwarzwald. Eine Vereinigung, die sich dazu verpflichtet hat, Produkte von Erzeugern aus der Region zu verarbeiten. Durch die Verwendung regionaler Produkte tragen Wirte wie auch Gäste einen wertvollen Beitrag dazu bei, die einzigartige Natur- und Kulturlandschaft des Südschwarzwalds zu erhalten. Naturpark-Wirte bieten das ganze Jahr hindurch mindestens sechs regionale Gerichte und ein regionales Menü an, das mit dem Naturpark-Logo gekennzeichnet ist.

Die Anfänge des Gasthauses gehen zurück ins Jahr 1898

Die Speisekarte der Sennhütte führt bei einem überwiegenden Teil der Gerichte das Naturpark-Logo auf. Ob hausgemachte Frischkäse-Gnocchi mit Waldpilzen, Wiesentäler Poulardenbrust mit geröstetem Rosenkohl oder das Wiesentäler Rehragout mit Spätzle – hier wird die regionale Küche gelebt und zelebriert. Das fängt bei der Vorspeise mit Blattsalaten und Frischkäse oder Schinken vom Hinterwälder Rind mit leicht geräuchtem Tatar an und hört beim Dessert mit Schwander Zwetschgen und weißes Zwetschgen-Eis auf.

Und da wäre noch die Vesperkarte der Sennhütte zu erwähnen. Als „Veschper", wie wir hier im Alemannischen sagen, wird das Abendbrot, das traditionell kalt gegessen wird, bezeichnet. Es kann auch eine kleine Zwischenmahlzeit sein. Das Veschper geht zu jeder Tageszeit und am besten schmeckt es natürlich in einer geselligen Runde zu einem Gläschen Wein. Wer also einmal ein richtig tolles Veschper-Erlebnis genießen möchte, stellt sich ein

So geht vespern in der Sennhütte

Hauptgericht aus drei kleinen Veschpern zusammen. Allein bei der Auswahl läuft einem das Wasser im Mund zusammen: Sennhüttenwirts Frischkäse, Gersbacher Käse-Plättli, Cüg gelileberparfait mit Holundergelee, Schwartemage a'gmacht, Schwarzwälder Bauch- oder Schinkenspeck, Schinken vom Hinterwälder Rind, Wiesentäler Wildschweinschinken oder Salami vom Wiesentäler Reh. Dazu gibt es hausgemachtes Molkebrot mit Griebenschmalz und eingelegtes Gemüse.

Und am besten schmeckt es, wenn man sich bei einer kleinen Wanderung rund um Schwand mächtig Appetit erlaufen hat. Danach einen Sitzplatz im Garten der Sennhütte ergattern und wohlverdient die leckere Vesperplatte genießen: So geht Genuss bei uns im Südschwarzwald.

Info

Lage: Schwand liegt rund zehn Kilometer nordwestlich von Zell um Wiesental.

Adresse: Sennhütte, Schwand Nr. 14, 79692 Kleines Wiesental, Schwand, Tel. 07629 91020

Website: *sennhuette.com*

HINWEIS: Die Naturpark-Wirte bieten den Gästen eine Küche, in der sie den Schwarzwald schmecken. Der Verbund, der sich strenge Qualitätskriterien auferlegt hat, zählt mehr als 50 Gastronominnen und Gastronomen aus dem gesamten Naturpark Südschwarzwald. Alle Naturpark-Wirte und Naturpark-Hotels sind unter *naturpark-wirte.de* aufgeführt und führen das Naturpark-Logo mit der Kennzeichnung Naturpark-Wirt und Naturpark Wirt&Hotel.

13 Vom Kuhbusch zur Weidbuche

DIE SCHÖNSTEN STEHEN IM WIESENTAL

Weidbuchen sind die Charakterbäume des südlichen Schwarzwalds. Stolze, bizarr geformte Baumgestalten, die mit ihren knorrigen Ästen Wind und Wetter trotzen. Sie stehen als lebendiges Symbol für die Besiedlung und Entwicklung des Südschwarzwalds zur Kulturlandschaft.

Aus dem einstigen Kuhbusch ist eine stattliche Weidbuche gewachsen

Von wegen Tannen oder Fichten. Es sind die Weidbuchen, die das charakteristische Landschaftsbild des Südschwarzwalds prägen. Sie stehen oft einsam auf den Hochweiden, an steilen Hängen der Allmendweiden, in der Nähe von Bergmischwäldern, Blockhalden und Felsen. Weidbuchen sind von der Art her gewöhnliche Rotbuchen. Doch wie kommt es, dass die dicken, knorrigen und in sich verwachsenen Weidbuchen so ganz anders aussehen als ihre schlanken, hochgewachsenen Genossen im Wald?

Mit der Besiedlung des Südschwarzwalds wurden die ursprünglichen Bergmischwälder gerodet und Flächen für Ackerbau und Viehzucht geschaffen. Auf den Höhenlagen wurden die Weidfelder in Gemeinschaft bewirtschaftet. Die noch heute bestehenden Allmendweiden sind eine regionale Besonderheit im südlichen Schwarzwald und typisches Merkmal der offenen Landschaft im Biosphärengebiet Schwarzwald.

Auf dem Weidbuchenpfad an der Stuhlsebene

Die kleinen geländegängigen Hinterwälder Rinder sowie Ziegen und auch Schafe halten die Steillagen und Hochflächen offen. Sie fressen das Buschwerk, das sonst innerhalb weniger Jahre wieder von Neuem zu einem Wald heranwachsen würde. Die Rinder verspeisen auch gerne die jungen Triebe der Buchenbäume. Das ständige Knabbern der Rinder, Huftritte, aber auch die harschen Nachtfröste setzen den jungen Buchenbäumchen ganz schön zu. In der Folge treiben sie jedes Jahr erneut an weiteren Stellen aus, die Rinder lassen sich erneut die leckeren grünen Blätter schmecken. Um ihr Überleben zu sichern, treibt die Buche nochmals aus. Was zur Folge hat, dass das Bäumchen mehr in die Breite als in die Höhe wächst. Solche Weidbüsche, die etwa einen Meter hoch sind, können bereits 50 Jahre auf dem Buckel, oder besser gesagt, auf der Rinde haben oder sogar noch älter sein.

Im Laufe der Jahre wächst der sogenannte Kuhbusch so weit in die Breite, dass das Zentrum jetzt nicht mehr von den Rindern, selbst wenn sie noch so lange Hälse machen, verbissen werden kann. Das ist die Initialzündung. Ab jetzt wachsen in der Mitte neue Triebe heran, die sich endlich ungestört zu einem Baum entwickeln. Im Laufe der vielen Jahrzehnte und Jahrhunderte verwachsen die Triebe miteinander und es entstehen die bizarren Formen. Weidbuchen können ein Alter von 250 bis 300 Jahren und einen Stammumfang von bis zu sieben Metern erreichen. Im Alter werden sie innen oft hohl und die Stämme brechen ab. Als Totholz bieten sie Pilzen, Käfern, Waldbienen, Holzwespen und Vögeln Nahrung. Einige der größeren Weidbuchen dienten Viehhirten früher als natürlicher Wetterschutz, in dem sie sogar Lagerfeuer entzündeten, um sich zu wärmen. An vielen Stämmen sind die schichtförmigen Fruchtkörper des Zunderschwamms zu sehen. Die Pilzfäden weben sich ins Holz und scheiden dabei Enzyme aus, die das Holz zu Zucker zersetzen. Dies wiederum bildet den Nährstoff für den Zunderschwamm, der damit seinen Fruchtkörper am Baumstamm bilden kann. Im 19. Jahrhundert gab es in Todtnau zwei Zunderfabriken, die aus den Zunderschwämmen Zunder zum Feuermachen herstellten, aber auch blutstillende Medikamente unter streng geheim gehaltenen Rezepten entwickelten.

Die schönsten Weidbuchen können im Kleinen Wiesental, im Münstertal und auf dem Schauinsland bewundert werden.

Info

Lage: Schönenberg liegt etwa 14 Kilometer nördlich von Zell im Wiesental.

Website: *naturpark-weidbuchen.de*

Wanderung:

- Weidbuchenpfad Stuhlsebene: Rundweg von Schönenberg über Sägeneck auf die Untere Stuhlsebene und weiter über Obere Stuhlsebene (gelbe Raute), zurück auf der blauen Raute über Mittelbühl nach Schönenberg. Läge: rund acht Kilometer, Auf- und Abstieg jeweils 440 Meter. Infobroschüre über die Tourist-Info Schönau erhältlich.
- Geführte Weidbuchentour auf dem Schauinsland (siehe Tipp 25, Schauinsland)
- Schöne Weidbuchenexemplare gibt es zwischen Herrenschwand und Präg zu sehen, auf dem Westweg am Wiedener Eck sowie in der Gegend um Aitern und Rollsbach (siehe Tipp 17, Kirchweg von Wieden nach Schönau).

14 Schneiderhof Museum Kirchhausen

ZUM Z'MORGE SCHWARZER KAFFEE UND BRÖCKELI

Berta Schneider, letzte Bewohnerin des Schneiderhofes, war ein echtes Original. Bis 1985 lebte sie allein auf ihrem Hof, als Selbstversorgerin mit ihren Tieren, ohne Toilette, Bad und fließendem Wasser. Tritt man heute in das strohgedeckte Bauernhaus, ist es so, als wäre sie nur kurz außer Haus gegangen.

Als ich durch die Holztür gehe, umfängt mich schummriges Licht. Sofort bemerke ich den intensiven strengen Geruch. Von der Decke hängen geräucherte Speckseiten und Schinken. Ich blicke auf die rußgeschwärzte Küche mit dem Holzherd, auf dem noch etliche Töpfe, Pfannen und Kochgeschirr stehen. Nichts weist auf dem Schneiderhof auf ein Museum hin, alles ist so belassen, als käme Berta Schneider gleich zur Tür herein. Die Stube mit dem Kachelofen, der „Chunscht", auf der sie sich während der kalten Wintertage wärmte, das Schlafzimmer mit dem Webstuhl und der Nähmaschine. Oben unter dem Strohdach die Schlafkammer mit den gemachten Betten. Jeder Raum ist noch so lebendig wie damals, als der Hof von den Bauersleuten Schneider mit ihrer Tochter Berta bewirtschaftet wurde.

Berta Schneider lebte bis 1984 auf ihrem Hof

Berta wurde am 10. April 1895 als vierte Tochter von Johann Jakob und Anna Maria Schneider geboren. Während ihre älteren Schwestern heirateten, blieb Berta ledig und arbeitete nach dem Tod ihrer Mutter gemeinsam mit ihrem Vater auf dem 1696 erbauten Hof. Als junge Frau war Berta nicht nur ausgesprochen hübsch, sondern auch ziemlich schlagfertig. Mit Freude half sie ihrer Schwester im Wirtshaus Hans Sachs in Schopfheim aus, kellnerte und arbeitete in der Küche mit. Berta war unkonventionell und willensstark. Als während der letzten Kriegsjahre polnische Zwangsarbeiter auf dem Hof verpflichtet wurden, durften diese, obwohl unter Strafe verboten, gemeinsam mit ihr am Tisch essen. 1944 starb ihr Vater und Berta war nun als Bäuerin auf sich gestellt. Als Kirchhausen im Jahr 1958

Bertas Rauchküche

Berta war eine versierte Schneiderin.

eine öffentliche Wasserversorgung erhielt, war Berta die einzige, die sich dem Anschluss widersetzte. „Üüse Brunne isch de bescht z'Chilchhuuse, miir hän Wasser gnueg", lautete ihr Argument.

Das wenige, das Berta für ihren Lebensunterhalt benötigte, tauschte sie im Laden in Steinen gegen ihre Kartoffeln, Gemüse, Beeren, Eier, Marmelade und Schnaps ein. Oft sah man sie mit ihrem NSU-Velo nach Steinen fahren, wo sie sich Kaffee, Zucker, Salz, Öl, Stricksachen und Petrolium besorgte.

Zum Frühstück (Z'morge) trank sie am liebsten Bohnenkaffee (sälla us de Schwiz) dazu gab es Bröckeli (eingetunkte Brotstücke) und Suppe oder Geschwelldi (Dampfkartoffeln). Berta war eine leidenschaftliche Bäckerin und buk Biscuit, Waffeln, Obstkuchen und Linzer. Noch mit über 80 Jahren bestellte sie ihren Kartoffelacker. Ihr großer Stolz war der Gemüsegarten, den sie liebevoll hegte und pflegte. Gemäß ihrem Motto „Muesch vorsorge, mr weiß nie, was chunnt", hielt sie immer einen großen Vorrat an Eingemachtem im Keller parat.

Der Hof war über die Jahre sehr heruntergekommen und baufällig geworden. Inzwischen bewohnte Berta nur noch die Stube.

Noch immer kochte sie sich ihr Essen auf dem Herd in der finsteren Küche. Die Hühner lebten mit ihr im Haus und wie immer nutzte sie ihren Misthaufen als Abort. 1984, nach einem Schlaganfall, wurde sie pflegebedürftig und musste zu ihrer Nichte nach Lehnacker ziehen. Am 10. April 1985, ihrem 90. Geburtstag, besuchte sie ein letztes Mal ihr Zuhause. Mit Tränen nahm sie Abschied von ihrem Hof, von ihrem Leben. Am 1. Mai 1996, mit 91 Jahren, schlief sie für immer ein. Auf dem „Gottsacker" in Endenburg, neben dem Kriegerdenkmal befindet sich ihre letzte Ruhestätte.

Bertas Kammer

Nach dem Tod von Berta Schneider fasste der Ortschaftsrat den Beschluss, dass das 1696 erbaute Gebäude für die Nachwelt erhalten werden soll. 1987 wurde der „Verein zur Erhaltung des Schneiderhofes" e.V. gegründet und der Schneiderhof als Kulturdenkmal von besonderer Bedeutung eingestuft.

Info

Lage: Kirchhausen liegt ca. zwölf Kilometer westlich von Zell im Wiesental.

Adresse: Bauernhausmuseum Schneiderhof Kirchhausen, 79585 Steinen-Endenburg Ortsteil Kirchhausen, Tel. 07629 1553

Website: *bauernhausmuseum-schneiderhof.de*

HINWEISE:

- Gruppenführungen mit Speckvesper und „Gschichtli vo de Berta" oder Anke mache und Weggli bache nach Voranmeldung.
- Das Anwesen ist nicht barrierefrei.

Höhenrausch im
Großen Wiesental

Im Frühjahr duftet die Almweide nach Bärwurz

Höhenrausch im Großen Wiesental

15. Belchen: Gipfel mit Gondel
16. Besucherbergwerk Finstergrund Wieden: mit der Grubenbahn unter Tage
17. Alter Kirchweg von Wieden nach Schönau: spannende Einblicke in die Vergangenheit
18. Almgasthof Knöpflesbrunnen: Hochweide mit himmlischer Lage
19. Mühlewisch und Dauerwelle: die cleveren Erfinder aus Todtnau
20. Das Rößle Geschwend: Dorfgasthaus als Genossenschaft
21. Berggasthof Gisibodenalm: die Leichtigkeit des Seins auf 1168 Metern
22. Blackforestline Todtnau: Hochgefühle über dem Wasserfall
23. Naturparkhotel derWaldfrieden: Stille, Genuss und dunkle Nacht

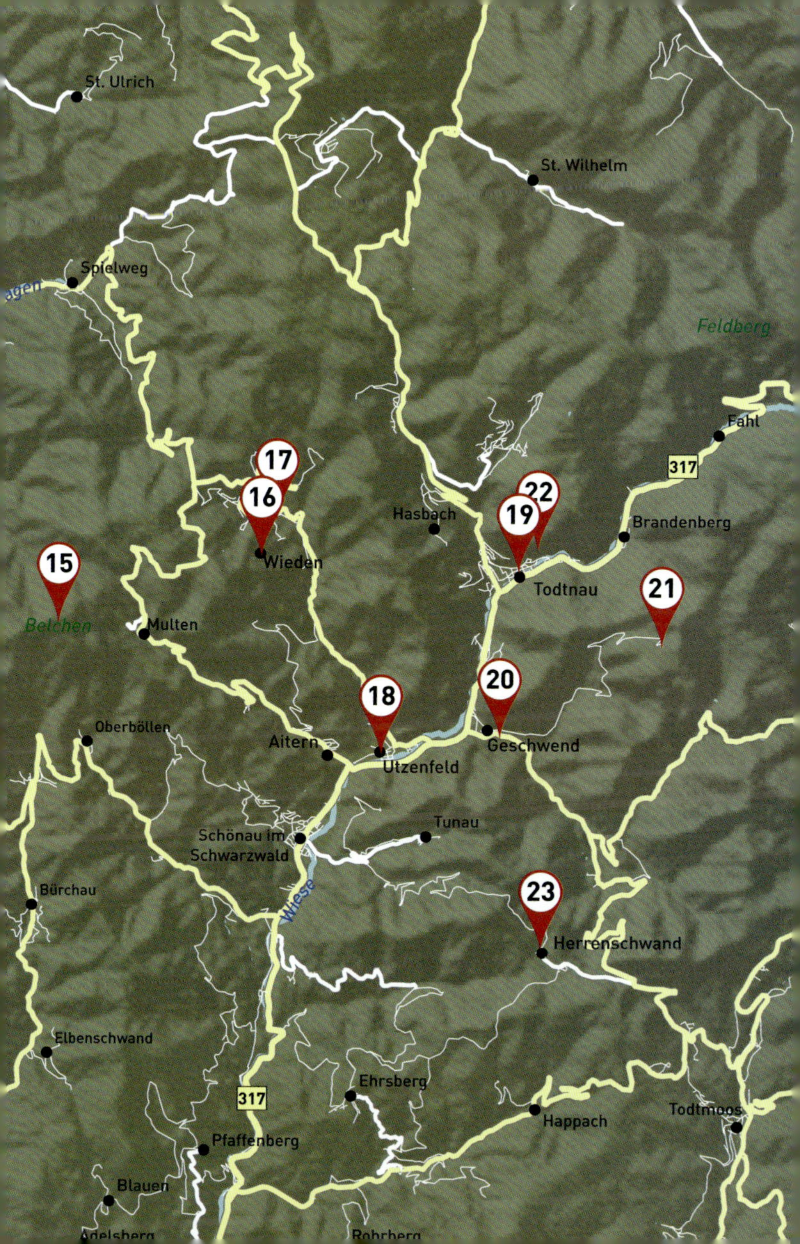
St. Ulrich
St. Wilhelm
Spielweg
Feldberg
Fahl
317
17
16
22
19
Hasbach
Brandenberg
15
Wieden
Todtnau
21
Belchen
Multen
20
18
Oberböllen
Aitern
Geschwend
Utzenfeld
Tunau
Schönau im Schwarzwald
Bürchau
Wiese
23
Herrenschwand
Elbenschwand
Ehrsberg
317
Happach
Todtmoos
Pfaffenberg
Blauen

15 Belchen

GIPFEL MIT GONDEL

Müsste ich einen Berg auswählen, den man bei einem Besuch im Südschwarzwald unbedingt gesehen haben muss, dann ist das zweifelsohne der Belchen. Keiner ist schöner, mystischer und bietet ein derart eindrucksvolles Panorama von seiner waldfreien Kuppe wie der dritthöchste Gipfel im Schwarzwald.

„Der Belchen, 1415 Meter, ist von allen Bergen des Schwarzwaldes der an Form auffälligste und schönste. Das Panorama von seinem Gipfel übertrifft in seiner Art, obwohl nicht so umfassend, das des Feldberges, weil der Berg der Rheinebene näher gelegen ist." (Ernst Bader, Der Schwarzwald, Verlag Paul Lorenz 1903)

Es verwundert nicht, dass der Autor des Schwarzwald-Reiseführers von 1903 derart ins Schwärmen gerät. „Umso schöner zeigen sich vom Säntis bis zum Montblanc die Haupteisriesen der Schweiz, und davor bis gegen die Mitte des Bildes die Juraketten, sowie Rigi und Pilatus. Ebenso ist der Blick über die Rheinebene zu den Vogesen und zum Kaiserstuhl durch den mannigfaltigen Vordergrund ausgezeichnet." Von meiner Seite sei noch anzumerken, dass in sich der Neuzeit einige Objekte hinzugesellt haben, deren Rotorblätter den eindrucksvollen Panoramablick ein wenig trüben.

Schmunzeln musste ich beim Vermerk des Autors, dass er bedaure, dass noch kein Fahrsträß-

Auf dem Panoramaweg

chen zum 1867 eröffneten Belchenhaus führt. Diese wurde im Jahr 1904 realisiert. Dass es bis zur Jahrtausendwende einen riesigen Parkplatz vor dem Belchenhaus gab, ist heute schwer vorstellbar. Mit der Inbetriebnahme der Belchen-Seilbahn 2001 wurde der Belchen autofrei. Heute wird die alte Bergstraße von Radfahrern genutzt, im Winter dient sie als Ski-und Rodelpiste.

Von der Talstation bei Multen auf 1100 Metern geht es in den gelben Gondeln hinauf direkt zum Belchenhaus, dem höchst gelegenen Gasthaus in Baden-Württemberg auf 1363 Metern. Von der Aussichtsterrasse bietet sich ein wunderbarer Blick auf die schneebedeckten Alpengipfel von der Zugspitze bis zum Montblanc. Direkt vom Belchenhaus aus führen ausgeschilderte Wanderwege auf herrlichen Pfaden rund um den Belchen und zum Gipfelkreuz auf 1414 Meter Höhe.

In vier Minuten zur Bergstation

Gipfelglück auf dem Belchensteig

Wie auch der Feldberg gilt der Belchen als subalpine Insel, die eine beachtliche Anzahl von Tier- und Pflanzen aufweist, die es sonst nur in den Alpen gibt. Oberhalb von 1200 Metern befinden sich die Borstgrasweiden, auf denen Bärwurz, Arnika, Schweizer Löwenzahn und Glockenblumen wachsen. Unterhalb von 1200 Metern dominieren die gelb knospenden Flügelginsterfelder. Gerade im Sommer bieten die blühenden Weidfelder ein herrliches Bild. Am schönsten ist die Belchensüdseite mit den herrlichen Ausblicken ins Wiesental und den steil abfallenden Geröllhalden, Felsen und bizarren Weidbuchen. Mit etwas Glück können Gemsen beobachtet werden. Der Belchen liegt im Naturschutzgebiet; bitte achte darauf, auf den markierten Wegen zu bleiben, Hunde sind an der Leine zu führen.

Info

Lage: Der Belchen liegt etwa acht Kilometer westlich von Schönau im Schwarzwald.

Adresse: Belchen-Talstation, Obermulten 5, 79677 Aitern. Ab Schönau besteht die Möglichkeit mit einem Kombi-Ticket „Bus+Seilbahn" zur Talstation zu fahren.

Website: *belchen-seilbahn.de*

Wandern ab der Bergstation:

- Gipfelrundweg: Vom Belchenhaus zum Gipfelkreuz, ca. 30 Minuten
- Panoramarundweg: große Gipfelrunde mit Blick ins Münstertal und Alpiner Pfad (Trittsicherheit erforderlich), ca. 60 Minuten
- Hochkelch-Haldepfad: Höhenweg über den Hochkelch zum Haldenhof (Westweg), rund 2,5 Stunden
- Wandern auf dem Genießerpfad Belchensteig: Start/Ziel: Westwegtor beim Wiedener Eck, Wieden, Länge: 15 Kilometer, 675 Höhenmeter Aufstieg, 675 Höhenmeter Abstieg, Dauer: sechs Stunden, Schwierigkeit: schwer.

Aktivitäten:

- Geführte Sonnenuntergangstour auf den Belchen mit Bergvesper und Abstieg im Fackelschein oder geführte Sonnenaufgangstour mit Bergfrühstück, Talfahrt mit der Belchen-Seilbahn, *original-landreisen.de/Erlebnisangebote-Schwarzwald-Bodensee/Sonnenaufgang-Sonnenuntergang/*

Einkehren:

- Belchenhaus: Belchen 1, 79677 Schönenberg, *belchen-seilbahn.de/belchen_belchenhaus-restaurant.html*
- Berghotel Wiedener Eck: Oberwieden 15, 79695 Wieden, *wiedener-eck.de*
- Berghotel Belchen-Multen: Untermulten 3, 79677 Aitern, *belchen-multen.de*
- Belchenhotel Jägerstüble: Obermulten 3, 79677 Aitern, *belchenhotel.de*

16 Besucherbergwerk Finstergrund Wieden

MIT DER GRUBENBAHN UNTER TAGE

Die Signalglocke bimmelt, kurz danach hupt es und mit einem kräftigen Ruck setzt sich die Grubenbahn in Bewegung. Langsam rollen die orangegelben Waggons auf den dunklen, kühlen Stolleneingang zu.

Die Grube Finstergrund ist eines der bedeutendsten historischen Fluss- und Schwerspat-Bergwerke im Schwarzwald

Bergwerke gibt es im Schwarzwald fast soviel wie Fichten im Wald. Einzigartig ist jedoch die Grubenbahn Finstergrund, die Besucher sogar in das Bergwerk fährt.

Im Stollen schwindet das Tageslicht. Alle paar Meter flackert ein fahler Lichtschein der Deckenleuchten auf die Felswände des sonst dunklen Stollens. Ein kühler Hauch weht aus dem Berginnern entgegen, von der Decke und den Wänden tropft Wasser. Ein wenig fühlt es sich wie Geisterbahn fahren an, nur dass keine gruseligen Gestalten in den Ecken lauern. Fast einen halben Kilometer ruckeln die Waggons quietschend und ächzend in den Stollen 5 des Bergwerks Finstergrund. Der Stollen trägt den Namen des engen Seitentals zwischen Wieden und Utzenfeld.

Vorn auf der Lok in weißer Bergmannsmontur sitzt Clemens Jäger, Vorstandsmilglied des Bergmannvereins und einer der ehrenamtlichen Führer. An der Haltestelle Personenbahnhof stoppt er den Zug, alle Passagiere steigen aus, ab hier geht es zu Fuß weiter. Im Stollen ist es kühl, die Temperatur beträgt konstant rund acht Grad Celsius. Im Sommer zieht die warme Luft in den Berg und kühlt sich dort ab. Dabei wird sie gefiltert und ist frei von Staub und Pollen. Außerdem fördert die niedrige Temperatur die Atmung, was sich bei Allergien und Atemwegserkrankungen positiv auf den Körper auswirkt.

Mit der Grubenbahn ...

... in den Stollen

Das Bergbaurevier Finstergrund war eines der bedeutendsten Fluss- und Schwerspat-Bergwerke im Schwarzwald. Die Ursprünge reichen zurück bis ins 14. Jahrhundert. Vor rund 50 Jahren wurde der Betrieb eingestellt, weil sich der Abbau des Rohstoffes, der hauptsächlich in der Eisenverhüttung und bei der Aluminiumerzeugung verwendet wurde, nicht mehr lohnte. 1938 waren hier bis zu 100 Mitarbeiter beschäftigt und noch 1967 war die Gewerkschaft Finstergrund der größte deutsche Flussspatproduzent. Clemens Jägers Urgroßvater, Großvater und auch die Großmutter arbeiteten im Bergwerk und in der Aufbereitung, wo das Gestein gewaschen wurde. Mit dem „Todtnauerli", einer Schmalspurbahn, die von Todtnau nach Zell führte, wurde früher das Material transportiert. In den 1950er-Jahren wurde der Finstergrund-Schwerspat und Flussspat sogar bis nach Amerika verschifft.

Seit 1982 ist der Stollen 5 für Besucher zugänglich. Darüber liegen die Finstergrund-Stollen 4,3,2 und 1 sowie der Stollen Max 1 und Max 2 – der gesamte Berg ist von Stollen durchzogen. Unter Tage sieht es aus, als wären die Kumpel in der Mittagspause. Alte Grubenfahrzeuge, Förderwagen, Bohrmaschinen und sogar eine Sprenganlage zeugen von der harten Arbeit der Bergleute.

Mit seiner Grubenlampe leuchtet Clemens Jäger die Felswände an. Zwischen den nackten Felsen glitzert es. Mal grün, mal violett, gelb oder weiß. Es sind farbenprächtige Mineralgänge, darunter Millionen Jahre alte Kristallingesteine. Auf dem 400 Meter langen Rundweg gibt es so manchen kristallreichen Erz- und Mineralgang zu bestaunen, der das Stollendunkel zum Leuchten bringt. Zurück über Tage klingt das Abenteuer mit einem Besuch im Bergwerkstüble aus.

Bei der Führung dürfen Besucher sogar eine Sprengsimulation auslösen

Info

Lage: Wieden liegt etwa acht Kilometer nördlich von Schönau.

Adresse: Bergwerk Finstergrund, Am Bergwerk 1, 79695 Wieden

Website: *finstergrund.de*

Einkehren:

- Bergwerkstüble Finstergrund: Tel. und WhatsApp 0157 55595117, *Bergwerkstueble@finstergrund.de*

HINWEIS: 2023 wurde ein Infozentrum im Obergeschoss des Besuchergebäudes eröffnet, das auf zwei Etagen alle Aspekte der regionalen Bergbaugeschichte aufzeigt.

17 Alter Kirchweg von Wieden nach Schönau

SPANNENDE EINBLICKE IN DIE VERGANGENHEIT

Eineinhalb Stunden dauerte früher der beschwerliche Fußmarsch zur Kirche in Schönau. Auf dem Themenweg erfahren wir, wie das Leben in diesem Schwarzwaldtal ausgesehen hat, bevor es ausgebaute Straßen gab.

Wieden wurde um 1350 erstmals urkundlich erwähnt. Das Benediktinerkloster St. Blasien war Grundbesitzer über den größten Teil des Oberen Wiesentals. Das Kloster vergab vier Lehen, damit konnten die Bauern das Land roden und einen Bauernhof errichten. Im Mittelalter, als der Silberbergbau seinen Höhepunkt erlebte, existierten 24 Höfe in Wieden.

Das abgeschnittene Tal konnte von Norden her über das Münstertal erreicht werden. Nach Schönau führte der Kirchweg, der während des Winters oft tief verschneit und unbegehbar war. Es war gewiss kein Sonntagsspaziergang für die Einwohner des Bergdörfchens Wieden, wenn sie sich am Sonntag auf den Weg in die Kirche machten.

Der Schönauer Pfarrer wartete mit dem Gottesdienstbeginn stets bis seine Gemeindemitglieder aus Wieden vollzählig die Kirche erreichten. Erst 1812 konnte in Wieden eine eigene Kirche eingeweiht werden. Davor mussten die Einwohner 650 Jahre lang ins Tal, um ihre Kinder taufen zu lassen oder ihre Verstorbenen zu beerdigen. Übrigens mussten auch die Schönauer einen dreistündigen Fußmarsch nach Tegernau ins Kleine Wiesental auf sich nehmen, bevor sie ab 1164 ihre eigene Kirche besaßen.

Im 15. Jahrhundert schrumpfte die Bevölkerung von Wieden und dem Weiler Laitenbach enorm. 1488 waren nur noch zehn Höfe übrig. Vermutlich waren die Pest, der Niedergang des Bergbaus und auch das Klima für die Verschlechterung der Lebensumstände verantwortlich. Nach 1500 gab es weitere Versuche, das Land zu bestellen. Es entstanden einzelne Höfe: Graben, Ungendwieden, Säge, Rütte und Neumatt. Sogar aus Vorarlberg zogen Siedler in den südlichen Schwarzwald.

Die Bauern rund um Wieden waren stolze Gesellen und für ihre Freiheitsliebe bekannt. Bereits im Mittelalter wählten sie einen Vogt und zwölf Räte, die die besonderen Rechte und Pflichten im sogenannten „Talbrief“ schriftlich fixierten. Darin wurde den

Bewohnern das Jagen und Fischen, was sonst nur den Adeligen Herren vorbehalten war, erlaubt. Außerdem durften sie ihren Wohnort und den Ehepartner frei wählen. Sonntags war die Jagd verboten. Noch bis 1606 gab es eine Ausnahme: „Wölfe, Bären und wilde Schweine dürfen geschossen werden am Sonntag."

Herrlicher Rast- und Grillplatz Auf den Winden

In Verruf geriet der Kirchweg durch einen hinterlistigen Mord. In den frühen Morgenstunden des 18. Juni 1737 erstach Michael Böhler seine Ehefrau Rosina, die er erst vor einem Monat geehelicht hatte, auf offener Straße auf dem Weg zum Gottesdienst. Am 18. Oktober tagte das „Kaiserliche hochnotpeinliche Hals- und Landgericht" unter der Gerichtslinde in Schönau. Das Urteil lautete: „Hinrichtung durch das Schwert des Scharfrichters. Außerdem soll der Körper zum Abscheu auf ein Rad geflochten und der Kopf über selbiges aufgesteckt werden."

Und noch eine Anekdote erfahren wir auf dem Weg. So war im Mittelalter der Friedhof um die Schönauer Kirche angelegt worden. Doch dieser war längst zu klein geworden und daher erließ die vorderösterreichische Regierung die Verordnung, dass ab 1784 die Friedhöfe außerhalb der Ortschaften angelegt werden müssen. Dies stieß bei den Schönauern auf Widerstand. Denn nun durften die Toten nicht wie üblich in einem Sarg bestattet werden, sondern mussten nackt in einen Sack eingenäht außerhalb der Stadtmauer ihre letzte Ruhestätte finden. Die Schönauer erwirkten eine Sondergenehmigung und durften auch weiterhin in Särgen auf dem bestehenden Friedhof beerdigen. Als dann das Tal ab 1806 vom Großherzogtum Baden regiert wurde, schlug man die Wiese vor der Schönenbucher Kapelle als neuen Friedhof vor. Weil aber die Bewohner unter der neuen badischen Regierung ihre über 500 Jahre währenden Sonderrechte der Talvogteien aberkannt bekamen, widersetzten sie sich erneut der neuen Friedhofsordnung. Das ging soweit, dass die ersten Toten, die auf dem neuen Schönenbucher Friedhof bestattet wurden, von den Angehörigen ausgegraben und umgebettet wurden.

Info

Lage: Wieden liegt etwa acht Kilometer nördlich von Schönau im Schwarzwald.

Aktivitäten:

- Der alte Kirchweg von Wieden nach Schönau führt auf zwölf Stationen durch die wechselvolle Geschichte des Tales. Start: Wieden Bushaltestelle, Ziel: Schönau Rathaus. Länge: rund neun Kilometer, 50 Meter Aufstieg, 350 Meter Abstieg. Kurz vor Schönenbuchen das 350 Meter lange Wegstück entlang der Bundesstraße vermeiden und über die Wiesebrücke auf den Wiesentalweg Richtung Schönau gehen. Nach 600 Metern rechts abzweigen Richtung Schönenbuchen, dort geht es zu den Stationen 10 und 11 des Themenwegs.
- Rundweg von Wieden (Stationen 1 bis 6 des Kirchwegs) führt von Wieden über Rollsbach zum Grillplatz Auf den Winden, weiter über die Kälberweid (Himmelsliege mit Rastplatz) zurück nach Wieden. Länge: rund zehn Kilometer, 250 Meter Auf- und Abstieg
- Rundweg von Schönau (Stationen 8 bis 12 des K irchwegs) von Schönau Rathaus über Aitern nach Schönenbuchen und zurück zum Rathaus. Länge: rund fünf Kilometer, 170 Meter Auf- und Abstieg (Wegbeschreibung und Wanderkarte bei der Tourist Info Schönau, Neustadtstraße 1, 79677 Schönau im Schwarzwald, Tel. 07673 918130, *schwarzwaldregion-belchen.de*)
- Heimatmuseum Klösterle: Führungen mit vorheriger Anmeldung bei der Tourist Info Schönau oder beim Förderverein Klösterle, Neustadtstraße 21, 79677 Schönau, Tel. 07673 88110, *kloesterle-schoenau.de*

18 Almgasthof Knöpflesbrunnen

HOCHWEIDE MIT HIMMLISCHER LAGE

Wandern macht bekanntlich hungrig und was gibt es Schöneres, als sich erst am Berg zu verausgaben, um sich dann mit einer zünftigen Einkehr zu belohnen. Eine schöne Rundwanderung startet am Kurhaus in Todtnauberg und führt über den Radschert nach Muggenbrunn, weiter durch lichte Bergwälder und auf schmalen Pfaden hinauf auf die Almweiden des Knöpflesbrunnen.

Der Köpflesbrunnen – eine Hochweide zwischen Wieden und Todtnau mit parkähnlicher Landschaft und traumhaften Ausblicken. Das gleichnamige Almgasthaus ist der ideale Ort zum Einkehren und den Alltag hinter sich lassen.

Oben auf dem Höhenrücken auf über 1100 Metern angekommen, wähnt man sich in einer parkähnlichen Landschaft. Saftig grüne Weiden, auf denen es im Frühjahr nach Bärwurz und Wiesenkräutern duftet, dazwischen mächtige Weidbuchen mit knorrigem Geäst, ein traumhafter Ausblick auf den Gipfel des Belchen und bis weit hinein ins Wiesental – bei guter Sicht bis zu den Alpen, belohnen den kräftezehrenden Aufstieg.

Und dann liegt er vor einem, der Almgasthof Knöpflesbrunnen, inmitten vom Grün, idyllisch wie in einem Heimatfilm.

Der Knöpflesbrunnen wird erstmals 1718 erwähnt als „des Knöpflins Brunnen“. Es bezeichnete einen durch den Bergbau zu Reichtum gekommenen Einwohner, der vermutlich einen Frack mit silbernen oder goldenen Knöpfen trug, um seinen Reichtum zur Schau zu stellen. Als „Knöpflin" wurde er von den Einheimischen verspottet.

Der kräftezehrende Aufstieg zum Knöpflesbrunnen lohnt sich

Lage: Utzenfeld liegt etwa 2,5 Kilometer nördlich von Schönau im Schwarzwald. Der Knöpflesbrunnen liegt etwa fünf Kilometer oberhalb von Utzenfeld.

Adresse: Knöpflesbrunnen, Knöpflesbrunnen 1, 79694 Utzenfeld

Website: *knoepflesbrunnen.de*

Wanderung zum Knöpflesbrunnen:

- Start/Ziel: Kurhaus Todtnauberg, Länge: rund 16 Kilometer, 565 Höhenmeter Auf- und Abstieg, Dauer: rund 5,5 Stunden, Schwierigkeit: schwer

HINWEISE:

- Der Knöpflesbrunnen ist auch per Auto über eine vier Kilometer lange, staubige Forststraße von Utzenfeld her zu erreichen.
- Zum Saisonende 2023 haben die Pächter aufgehört. Ein neuer Pächter stand zur Drucklegung noch nicht fest.

19 Mühlewisch und Dauerwelle

DIE CLEVEREN ERFINDER AUS TODTNAU

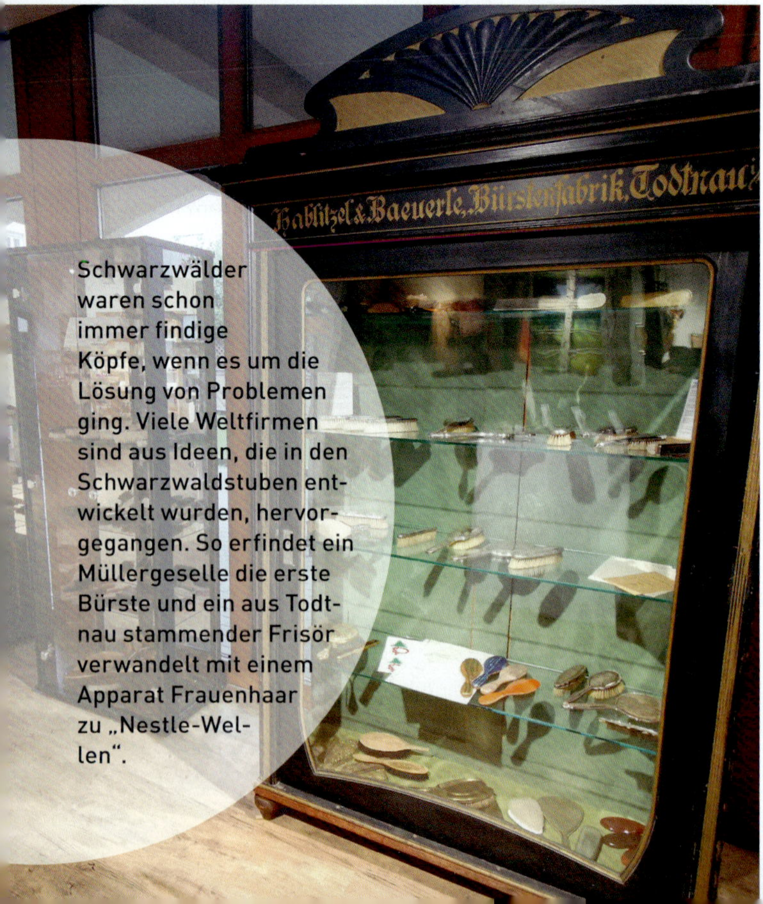

Schwarzwälder waren schon immer findige Köpfe, wenn es um die Lösung von Problemen ging. Viele Weltfirmen sind aus Ideen, die in den Schwarzwaldstuben entwickelt wurden, hervorgegangen. So erfindet ein Müllergeselle die erste Bürste und ein aus Todtnau stammender Frisör verwandelt mit einem Apparat Frauenhaar zu „Nestle-Wellen“.

Leodegar Thoma hatte es nicht leicht. 1746 als jüngster Sohn des Müllermeisters Josef Thoma und dessen Frau Anna geboren, muss er von klein auf in der Mühle mithelfen und putzen. Dazu gehörten der Fußboden, die Simse und das Mahlwerk der Mühle. Nach der Arbeit auch die Behälter, Kleidung und Schuhe. Vor allem das Aufwischen des Mehls war extrem mühsam. Doch der pfiffige Leodegar hatte eine Idee: Er nahm ein Stück Holz, bohrte Löcher und füllte diese mit den Borstenhaaren von Schweinen aus – fertig war die erste Bürste, die er „Mühlewisch" nannte. Schnell erkannte er, wie funktionell und nützlich seine Erfindung war und gründete sein Start-up-Gewerbe. Jetzt war er nicht mehr der kleine Geselle, sondern sein eigener Chef, der die Bürstenherstellung koordinierte. In der Manufaktur teilte er die Arbeitsschritte auf. Damit erreichte er eine schnelle Produktion mit hoher Qualität. Das Erfolgskonzept von Leodegar Thoma wird von anderen Todtnauer Familien übernommen und Todtnau wird zum Zentrum der Bürstenmacherei. Eine Erfolgsgeschichte, die bis heute anhält.

Im Bürstenmuseum

Bürsten spielten ebenfalls eine Rolle im Leben von Karl Ludwig Nessler, der 1872 in Todtnau zur Welt kam. Er machte eine Lehre als Barbier, brach diese aber ab und zog in die Schweiz. In Genf ließ er sich zum Frisör ausbilden. 1896, er arbeitete nun in Paris, beschäftigte ihn die Idee, glattes Frauenhaar in schön lockiggewelltes Haar zu verwandeln. Es wird erzählt, dass Nessler als junger Bursche in Todtnau Schafe hütete und er das gelockte Haar der Tiere bewunderte. Seine Kollegin (und spätere Ehe-

In der Nessler-Dauerwelle-Ausstellung

frau) Katharina Laible diente ihm als Model. Die ersten Versuche scheiterten kläglich: Haarsträhnen lösten sich teils komplett von der Kopfhaut, es gab schlimme Brandblasen. Erst der dritte Versuch war von Erfolg gekrönt: Die Dauerwelle war erfunden. Doch so richtig wollen sich die Damen für die Wellen nicht begeistern. 1904 erzielte Nessler einen Durchbruch: Er konstruierte einen Apparat, mit dem man künstliche Augenbrauen und Augenwimpern herstellen konnte. Das Paar zieht nach London, Nessler ändert seinen Namen in Charles Nestle. 1908 bekommt er das internationale Patent auf seine Dauerwelle zugesprochen. Die Apparaturen sahen abenteuerlich aus – elektrische Heizpatronen, die auf den Kopf gesetzt wurden.

Im Ersten Weltkrieg wird Nestles Geschäft beschlagnahmt, er selbst kommt in ein Internierungslager. Er kann fliehen und reist 1915 inkognito nach Amerika. Nestle beginnt von Neuem. 1919 darf seine Frau mit den vier Kindern nach Amerika ausreisen. Sein Geschäft boomt, er besitzt jetzt drei Nestle-Dauerwellensalons in New York und Niederlassungen in Chicago, Philadelphia, Palm Springs und Detroit. Seine Dauerwellengeräte für den Heimgebrauch werden ebenfalls ein Kassenschlager.

Die Hölzlemacherei

Verschiedene Bürsten

Als 1923 die Inflation Deutschland in ein Chaos stürzt, schickt der ehemalige Todtnauer Karl Ludwig Nessler, der als Charles Nestle zu großem Reichtum gekommen ist, 34 Tonnen Kleidung und Wäsche in seine Heimat. Er kam eigens zur Spendenverteilung zurück nach Todtnau. Außerdem kaufte er Kartoffeln und Getreide und unterstützte die notleidende Bevölkerung auch in späteren Jahren finanziell.

1928 verkauft Nestle seine Geschäfte, Fabriken und Patente, um sich ganz dem Haarstudium in seinem Labor zu widmen.

Raum Industrie

Beim Börsenkrach verliert er sein gesamtes Vermögen, das er in Aktien angelegt hatte. Ein Jahr später brennt sein Haus ab, Nestle entkommt den Flammen, die seine gesamten Aufzeichnungen und Patente vernichten.

Eine weitere Erfindung, die den Haarwuchs bei Männern fördern soll, floppt. Enttäuscht zieht sich der erfolgsgewohnte Geschäftsmann zurück. Krank und einsam stirbt der Erfinder der Dauerwelle 1952 in New Jersey.

Info

Lage: Todtnau liegt ca. sieben Kilometer nördlich von Schönau im Schwarzwald.

Adresse: Das Bürstenmusem Todtnau und die Dauerwellenausstellung Nessler befinden sich beide im Kulturhaus Todtnau, Spitalstraße 1b, 79674 Todtnau

Website: *todtnau.museum*

Aktivitäten:

- Führungen Bürstenmuseum Tel. 0172 5403446, Dauerwelle-Nessler-Ausstellung Tel. 07671 420
- Wer sich für die moderne Bürstenherstellung interessiert, kann sich auf der Website der Firma Keller Bürsten informieren. Dort gibt es einen virtuellen Showroom, der die Produktpalette aufzeigt; *keller-buersten.de*
- Im Wiesentäler Textilmuseum in Zell erleben Besucher die Entwicklung der Wiesentäler Textilindustrie, die die Wasserkraft des Flusses Wiese nutzten. Über 200 Jahre hinweg war ein Großteil der Bevölkerung in der Textilindustrie beschäftigt. Bei der Führung werden alle Vorgänge an funktionsfähigen Maschinen gezeigt; Wiesentäler Textilmuseum, Teichstraße 4, 79669 Zell im Wiesental, Tel. 07625 911299, *wiesentaeler-textilmuseum.de*

20 Das Rößle Geschwend

DORFGASTHAUS ALS GENOSSENSCHAFT

In Geschwend hat ein Verein ein denkmalgeschütztes Schwarzwaldhaus renoviert und daraus eine kulturelle und gesellschaftliche Gast- und Begegnungsstätte geschaffen. Seit 2013 ist das Rößle genossenschaftliches Dorfgasthaus und historisches Baudenkmal in einem.

Das Rößle lerne ich kennen, als Geschwend ein Geisterdorf war. Ich übertreibe, es betraf einen Teil der Gisibodenstraße. Die von Sperrbändern umgebenen, verwaisten Häuser, der abgeriegelte Spielplatz, die Kirche mit dem „Betreten verboten" Schild, all das vermittelte den Eindruck eines Geisterdorfes. Es war im Herbst 2019, als 70 Einwohner unvermittelt aus ihren Häusern evakuiert werden mussten. Vom Steilhang über der Straße drohten Felsen abzustürzen. Während der Sicherungsarbeiten, die sich über sechs Wochen erstreckten, durfte niemand in die Häuser. Ich war damals als Fotografin für die Stuttgarter Nachrichten im Einsatz. Der Redakteur interviewte betroffene Anwohner, ich fotografierte den Felshang, den abgesperrten Spielplatz und machte Porträts von den Evakuierten, die im Rößle untergebracht waren. Die Gaststätte war ihre neue Bleibe. Sie war Wohnstube, Küche und Treffpunkt in einem.

Aus dem alten Schwarzwaldhof wurde ein stattliches Dorfgasthaus

Während in fast allen Gemeinden das Wirtshaussterben mit rasanter Geschwindigkeit fortschreitet, ist es in Geschwend gelungen, ein respektables Unternehmen aufzustellen. Eine Wirtschaft als Begegnungsstätte und Heimat.

Das 1773 erbaute Schwarzwaldhaus diente bereits als Drehort für die SWR-Serie „Die Fallers" und als Kulisse in einem Nachkriegsfilm. Das ist dem ursprünglichen, urigen Charme des Hauses zu verdanken, das sogar noch das alte Gaststättenmobiliar in Verwendung hat. Im Rößle verweilt man in zwei gemütlichen, offenen Gasträumen, es gibt einen großen Saal und einen schönen Biergarten im Innenhof, abseits von der Straße. Wer schon immer einmal in einem typischen Schwarzwaldhaus nächtigen wollte: Im Haus stehen sieben Gästezimmer bereit, die alle zur ruhigen Südseite hin ausgerichtet sind. Ein Kulturverein stellt jährlich ein Programm zusammen mit Kunst, Kultur und Brauchtum.

Eine Ecke zum Wohlfühlen

Das Rößle ist Gasthaus und kulturelle Begegnungsstätte

Info

Lage: Geschwend liegt etwa fünf Kilometer nördlich von Schönau im Schwarzwald.

Adresse: Dorfgasthaus dasrößle, Im Dürracker 3, 79674 Todtnau-Geschwend, Tel. 07671 9925446,

Website: *dasroessle.de*

21 Berggasthof Gisibodenalm

DIE LEICHTIGKEIT DES SEINS AUF 1168 METERN

Abhängen auf der Alm, in den Tag brunchen oder den Sonnenuntergang genießen – die Gisibodenalm ist immer einen Ausflug wert. Wenn man vom Fleck kommt, ist sie eine gute Ausgangslage für Höhenwanderungen.

Abseits vom Alltag

Zur Gisibodenalm muss man erst mal hinkommen. Das geht entweder über eine schweißtreibende Wanderung von Todtnau her (wer mag, kann mit dem Hasenhornlift Höhenmeter machen) oder aber man fährt über die Gisibodenalmstraße ab Geschwend hoch. Für die enge Straße, die sich sieben Kilometer in die Höhe schraubt, sollte der Fahrer etwas Abenteuerlust unter den Rädern haben, vor allem, wenn Gegenverkehr angesagt ist. Ist man erst mal oben angekommen, wähnt man sich dem Himmel näher. Abgeschieden in luftiger Höhe atmet man tief durch und fährt drei Gänge runter. Ankommen im Hier und Jetzt.

Im Frühsommer, wenn der laue Wind den Duft vom Bärwurz über die Weiden trägt, ist es am schönsten auf dem Gisiboden.

Die Almweide im Frühjahr

Vor dem Gasthof befindet sich eine einzige große Freiluftterrasse, auf der man wunderbar abhängen kann. Sonntags lockt ab zehn Uhr ein reichhaltiges und geschmackvoll angerichtetes Almfrühstücksbuffet mit verschiedenen Bergkäsesorten, Aufschnitt, Rohkost, Dips, Eiern und einer Fülle von Brot und Brötchen. Nach Herzenslust brunchen mit phänomenaler Aussicht zum Belchen – was für ein fantastischer Start in den Tag.

Im Pfännle schmeckts besser.

Für den großen oder kleinen Hunger zwischendurch – den hat man bekanntlich in der Höhe ja ständig – hält die Karte eine gute Auswahl an Gerichten zu moderaten Preisen bereit. Linsensalat mit warmem Ziegenkäse, Spinatknödel mit Bergkäse, Bauernbratwurst, Rehragout, Käsespätzle, verschiedene Flammkuchen (auch mit veganer Variante) oder etwas Kleines auf dem Brettle mit Käse und Schwarzwälder Speck.

Vor dem Gasthaus kann man es sich an den Tischen oder auf lauschigen Liegestühlen gemütlich machen und einfach die Zeit vergessen.

Tipp: Erst wandern, dann einkehren, sonst kommt man nicht vom Fleck. Die kleine Runde zum Hasenhornturm sollte man auf jeden Fall machen. Wer erleben möchte, wie dunkel und still es im Schwarzwald wird, bucht eines der rustikalen Zimmer und erlebt die Gisibodenalm-Hüttenromantik.

Blick vom Gisiboden mit dem Hasenhornturm Richtung Belchen

Info

Lage: Geschwend liegt etwa fünf Kilometer nördlich von Schönau im Schwarzwald. Der Gisiboden liegt etwa sechs Kilometer entfernt oberhalb von Geschwend.

Adresse: Gisibodenalm, Gisiboden 1, 79674 Todtnau, Tel. 07671 9925068

Website: *gisibodenalm.com*

Aktivitäten:

- Wanderung von der Gisibodenalm auf dem Unteren Prägerbödenweg zu den Präger Böden (Einkehr), weiter zum Prägbachwasserfall und weiter zum Bernauer Kreuz (schöner Rastplatz) und zurück zur Gisibodenalm. Länge: rund 7,5 Kilometer, 220 Höhenmeter Auf- und Abstieg, Dauer rund 2,5 Stunden. Der Berggasthof und -gasthaus Präger Böden verfügt über fünf Zimmer im Landhausstil; *praegerboeden.com*
- Wanderung von der Gisibodenalm zum Herzogenhorn. Länge rund 13,5 Kilometer, 520 Höhenmeter Auf- und Abstieg, Dauer rund 4,5 Stunden. Abenteuerlustige nehmen den Blaue-Raute-Pfad über den Silberberg – Trittsicherheit und gutes Schuhwerk vorausgesetzt.

22 Blackforestline Todtnau

HOCHGEFÜHLE ÜBER DEM WASSERFALL

Mit seinen knapp 100 Meter Fallhöhe gehört der Todtnauer Wasserfall zu den höchsten Wasserfällen in Deutschland. Das gewaltige Naturschauspiel kann jetzt von oben bewundert werden: Die Blackforestline spannt sich auf 450 Meter Länge und 120 Meter Höhe über dem schwindelerregenden Abgrund.

Hochgefühl oder Adrenalinschub auf 450 Meter Länge

Schwindelfrei solltest Du freilich sein, wenn Du Dich auf die Hängebrücke wagst. Ein wenig Nervenkitzel gehört dazu, denn die Brücke wippt, was sich als fluffiges Gefühl im Bauch oder weichen Knien bemerkbar macht. Aber was für ein Abenteuer, so zwischen Himmel und tosendem Wasserfall zu stehen, ja zu schweben. Die Aussicht ist atemberaubend und das Schwanken verursacht bald nur noch Hochgefühle. Mit jedem Meter entfaltet sich ein gigantisches Panorama, das Tosen des Wasserfalls wird stärker. Der Gang über die Brücke ist im wahrsten Sinne berauschend.

Weit oben vom Quellgebiet am 1386 Meter hohen Stübenwasen fließt das Wasser des Stübenbachs Richtung Todtnauberg, wo er von weiteren Bergbächen gespeist wird. Das Wasser gewinnt stetig an Kraft und stürzt dann über gewaltige Granitfelsen über

Todtnauer Wasserfall

fünf Fallstufen als Hangloch-Wasserfall, bekannter als Todtnauer Wasserfall, zwischen Todtnauberg und Aftersteg ins Tal. Das Wasser braust zunächst über einen nur wenige Meter hohen Felsen, als würde es zunächst alle Kräfte sammeln. Danach folgt eine zwölf Meter hohe Kaskade, bevor es zur letzten Fallstufe rauscht. Sagenhafte 60 Meter stürzt sich das Wasser in mehreren Verzweigungen den Fels hinab.

Der Gang über den 1,20 Meter breiten Steg der Blackforestline eröffnet völlig neue Perspektiven auf das eindrucksvolle Naturschauspiel und ist im wahrsten Sinne des Wortes ein echtes Abenteuer, das Deinem Südschwarzwald-Besuch ein besonderes Hochgefühl verleiht.

Info

Lage: Todtnau liegt etwa acht Kilometer nordöstlich von Schönau im Schwarzwald. Die Hängebrücke und die Todtnauer Wasserfälle liegen etwa drei Kilometer nördlich von Todtnau.

Website: *blackforestline.de*

HINWEISE:

- Parkplätze befinden sich in Todtnau neben dem Besucherzentrum am Eingang West an der Kurhausstraße entlang in Richtung Todtnauberg. Weitere Parkflächen stehen in Aftersteg beim Eingang Wasserfall bereit. Alternative Parkplätze gibt es Todtnau und am Notschrei, von dort verkehren regelmäßig Busse Richtung Todtnauberg.
- Vom Eingang Wasserfall ist die Hängebrücke ebenfalls erreichbar, hier müssen allerdings noch rund 100 Höhenmeter zurückgelegt werden.
- Die Brücke ist barrierefrei zugänglich, auch für Kinderwagen, aber ausschließlich vom Brückenkopf Nord. Hunde sind auf der Brücke erlaubt, müssen jedoch angeleint werden.

23 Naturparkhotel derWaldfrieden

STILLE, GENUSS UND DUNKLE NACHT

Mit Schwung geht es von Schönau aus in die zahlreichen Kehren. Fast wähnt man sich auf einer Schweizer Passstraße und fragt sich, ob man hier wirklich mit dem Auto hochfahren darf. Darf man. Und sollte man. Die Fuchswaldstraße ist eine jener kleinen Straßen im Wiesental, die man einfach einmal fahren muss. Am Ende überraschen meist wunderbare Entdeckungen. In Herrenschwand ist solch eine Überraschung das Naturparkhotel derWaldfrieden. Wald gibt es hier, viel sogar, das Hochtal ist davon umsäumt und liegt mittendrin wie ein grüner See. Und diese friedliche Stille – das sind die Ohren heutzutage gar nicht mehr gewohnt.

Auf 1020 Metern ist der Alltag weit weg und die Natur ganz nah. Herrenschwand liegt auf einem nach Süden hin geöffneten Hochplateau. Der Waldfrieden ist eine ideale Basis für alle, die Ruhe suchen und gerne in die Sterne blicken.

Blickfang ist das spaHaus, das einen Dialog zwischen Tradition und Moderne schafft. Tatsächlich wirkt es keinesfalls wie ein Fremdkörper in der Landschaft, sondern setzt als charakterstarker Kontrapunkt neue Akzente. Das Stammhaus, 1889 als Bauernhaus mit Landwirtschaft erbaut, liegt nur unweit davon. DerWaldfrieden wurde 1954 als Dorfgasthaus mit einer Fünf-Betten Pension eröffnet und stetig erweitert und ausgebaut. Mit dem Neubau des spaHauses 2013 erhielt derWaldfrieden sein neues Gesicht und seine Ausrichtung auf Ruhe, Entspannung, Kulinarik und Natur. Ein Haus, das erdet, ohne Schnickschnack und Animation.

Weit weg vom Alltag

DerWaldfrieden ist ideal, um herunterzukommen und in sich zu gehen. Spaziergänge wechseln mit Saunagängen, abends lässt man sich vom Küchenteam um Volker Hupfer verwöhnen. Als Naturparkwirt verarbeitet er regionale Produkte ehrlich und leidenschaftlich. Und das schmeckt man.

Gourmetmenüs von Volker Hupfer

Wenn es nachts am Himmel so dunkel ist, dass die Sterne am Firmament glitzern wie Diamanten und die Milchstraße sich tatsächlich als milchiges Band über den Himmel zieht, weiß man, dass es genau richtig war, bis ans Ende der Fuchswaldstraße zu fahren.

Info

Lage: Herrenschwand liegt etwa zehn Kilometer südlich von Todtnau und vier Kilometer östlich von Schönau im Schwarzwald.

Adresse: derWaldfrieden (3-Sterne Naturparkhotel und Vier-Sterne spaHaus) Dorfstraße 8, 79674 Todtnau-Herrenschwand, Tel. 07674 92093

Website: *derwaldfrieden.de*

Schauinsland
Unterwegs auf Kräutertour

Schauinsland

24. Deutschlands längste Umlaufseilbahn: Hochschweben und ins Land schauen
25. Von Wind und Wetter geformt: Foto-Exkursion zu den schönsten Schwarzwaldweidbuchen

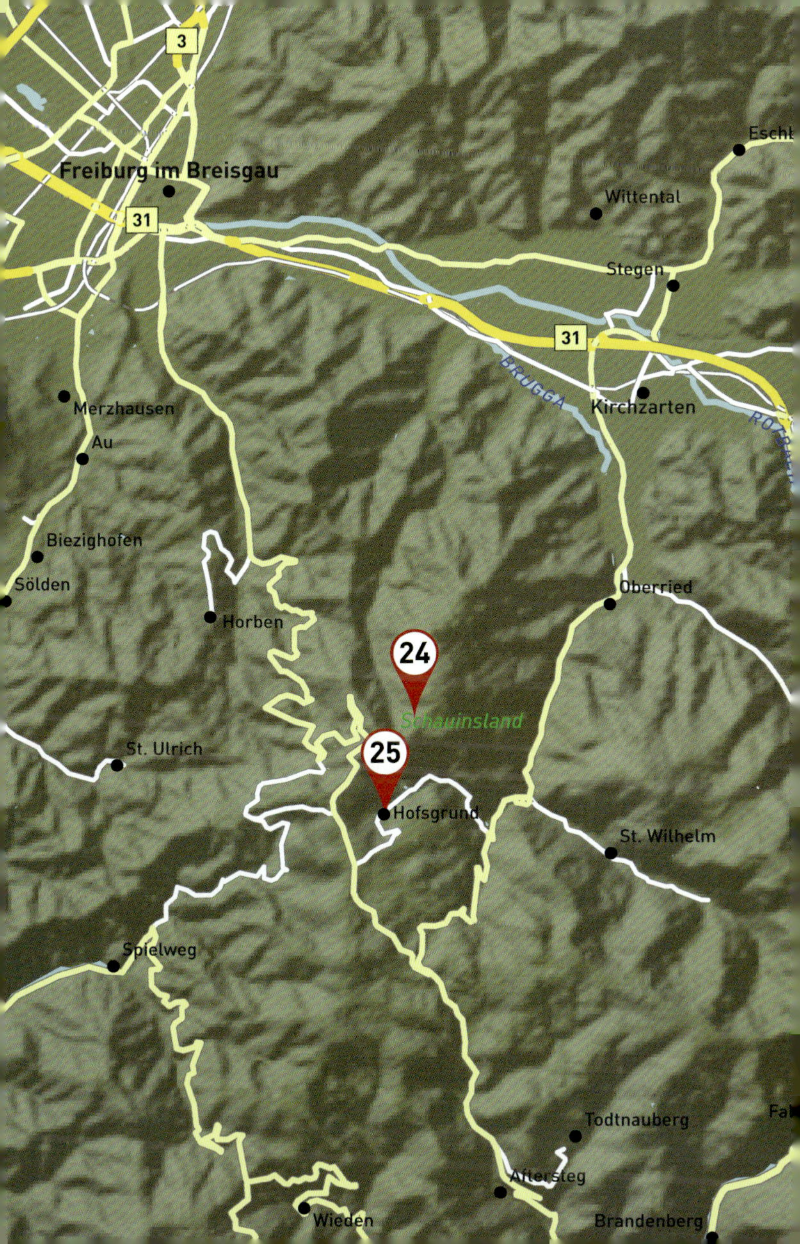
3
Freiburg im Breisgau
31
Wittental
Stegen
31
BRUGGA
Kirchzarten
Merzhausen
Au
Biezighofen
Sölden
Horben
Oberried
24
Schauinsland
25
St. Ulrich
Hofsgrund
St. Wilhelm
Spielweg
Todtnauberg
Aftersteg
Wieden
Brandenberg

24 Deutschlands längste Umlaufseilbahn

HOCHSCHWEBEN UND INS LAND SCHAUEN

20 Minuten dauert die Fahrt mit der Schauinslandbahn auf Freiburgs Hausberg in 1284 Meter Höhe. Einsteigen, zurücklehnen, über Baumwipfel schweben und ins Land schauen. Genussvoll, nostalgisch und phänomenal. Das muss man einmal erlebt haben.

Happy face garantiert!

Für diese Buchrecherche bin ich das erste Mal mit der Schauinslandbahn gefahren. Ich muss ja wissen, worüber ich schreibe. Während der Fahrt, so schwerelos über den Baumwipfeln, musste ich den Kopf schütteln. Warum habe ich das nicht schon viel früher gemacht? Die Fahrt reißt mich aus dem Alltag. In den kleinen, schnuckeligen Kabinen, ein bisschen historisch, ein bisschen retro, schwebe ich über den Dingen. Auf 3,6 Kilometer Länge und 746 Höhenmeter erlebe ich 20 Minuten pures Glücksgefühl, begleitet vom leisen Surren der Tragseile. Nicht der Berg ist das Ziel, sondern der Weg dorthin. Die Schauinslandbahn ist viel mehr als nur eine Gondel zum Gipfel. Sie ist längst eine eigenständige Attraktion.

1930 ging das technische Wunderwerk in Betrieb – die Schauinslandbahn war die erste Großkabinen-Umlaufseilbahn der Welt. Damals wurden die zehn Kabinen, die jeweils bis zu 25 Fahrgäste beförderten, noch von einem Schaffner begleitet. Den treffe ich jetzt an der Bergstation. In historischer Uniform empfängt mich Schaffner Emil und nimmt mich mit auf eine Zeitreise voller Anekdoten. Die Bahn wurde im Laufe der Jahre mehrmals modernisiert. 1987 erhielt sie die 37 kleineren Kabinen, 2013 wurde die Bahn technisch überholt.

Tipp: die Schaffnertour mit Emil

Von der Aussichtsplattform der Bergstation erlebe ich einen atemberaubenden Talblick auf Freiburg und die Rheinebene. Ich schaue den Gondeln zu, wie

Der Name ist Programm

sie zum Berg schweben oder wieder ins Tal fahren. Hier oben schaut man wirklich ins Land. Der Name ist Programm.

Und das ist erst der Anfang. Denn der Schauinsland bietet eine Fülle von Erlebnismöglichkeiten. Vom Bergfrühstück über Rollerstrecke, Museums-Bergwerk und den schönsten Panorama-Wanderwegen. Kein Wunder ist der Freiburger Hausberg so beliebt. Und die Schauinslandbahn ist die schönste Art, zum Gipfel zu kommen. Heute hat sie einen weiteren Fan hinzugewonnen.

Info

Lage: Horben liegt etwa zehn Kilometer südlich von Freiburg im Breisgau.

Adresse: Freiburger Verkehrs AG Schauinslandbahn. Bohrerstraße 11, 79289 Horben bei Freiburg

Website: *schauinslandbahn.de*

Aktivitäten:

- Wetterbuchentour mit Wanderführerin Ursel Lorenz, *schauinslandbahn.de/de/aktivitaeten/gefuehrte-wanderungen*
- Führung im Museums-Bergwerk Schauinsland, größtes Silberbergwerk in Süddeutschland, *schauinsland.de/museums-bergwerk*

HINWEISE:

- An der Talstation stehen kostenlose Parkplätze bereit.
- Über die Wanderwege informiert die kostenlose Wanderkarte rund um die Schauinslandbahn, die an der Bergstation erhältlich ist.

Einkehren:

- Café und Restaurant Die Bergstation: Montag und Dienstag nur Selbstbedienung, Mittwoch bis Sonntag Frühstück auf Reservierung, Mittagstisch; Schauinslandstraße 390, 79254 Oberried, *diebergstation.de*

25 Von Wind und Wetter geformt

FOTO-EXKURSION ZU DEN SCHÖNSTEN SCHWARZWALDWEIDBUCHEN

Die Wetterbuchen auf dem Schauinsland gehören zu den eindrucksvollsten Bäumen im Schwarzwald. Wanderführerin Ursel Lorenz fotografiert sie seit vielen Jahren, leitet Foto-Exkursionen und zeigt ihre schönsten Plätze.

Ursel Lorenz ist seit 15 Jahren Gäste- und Wanderführerin am Schauinsland. Im Laufe der Jahre hat sie unzählige Bilder der stolzen Bäume gemacht, im Sommer, Herbst, Winter und im Frühjahr. Sie hat alte Einwohner befragt, die früher auf den Weiden die Tiere hüteten, was sie über die Bäume wissen. So hat sie im Laufe der Jahre einen großen Wissensschatz zusammengetragen, den sie bei ihren Exkursionen weitergibt.

Gästeführerin Ursel Lorenz auf Kräutertour

Am Schauinsland gibt es den größten und ältesten Bestand an Weidbuchen im Südschwarzwald. Auf den Bergweiden des Stohren, auf der Passhöhe und gegen den Schauinsland-Gipfel hin stehen sie – nach Osten gebeugt – fest verwurzelt in der Erde. Es sind urtümliche Riesen, Giganten mit mächtigen Stämmen und bizarr geformten Ästen. Stürme, Schnee, Hitze und Kälte setzen den Bäumen zu, sie werden hohl, brechen ab und dienen weiteren Kleinstlebewesen als Nahrung.

Ursel Lorenz kennt ihre Bäume. Bei Wind und Wetter ist sie unterwegs, weiß um ihre fotogene Seite. Jene, die sich bei Sonnenuntergang besonders prächtig im Bild zeigen, wiederum andere, die im Nebel geisterhaft und mystisch erscheinen. Im Sommer zeigt sie ihren Gästen die herrlich duftenden, bunten Kräuterwiesen. Sie zupft hier und da am Wegesrand, lässt schnuppern und riechen, erklärt altes Heilwissen, das ihr von der Großmutter weitergegeben wurde. Dabei darf ein Picknick im Grünen nicht fehlen.

Und dann wären da die Sonnenuntergänge. Hier oben auf dem Schauinsland zählen sie mit zu den schönsten im Südschwarzwald. Das Spiel aus Licht und Wolken, dramatische Farben, der Blick auf Vogesen, Kaiserstuhl, das Rheintal und den Belchen. Die Wetterbuchen vor himmlischer Kulisse. Hier entstehen Fotografien, die Sehnsüchte wecken.

Wetterbuche am Schauinsland

Lage: Hofsgrund liegt etwa 16 Kilometer südlich von Freiburg im Breisgau.

Aktivitäten:

- Ursel Lorenz bietet ganzjährig Panorama-Wanderungen, Wetterbuchen-Exkursionen, Kräuter-Blumenführungen und Touren mit historischem Hintergrund, *natourpur-schauinsland.de*

Einkehren und Unterkunft:

- Hotel Die Halde: exklusives Natur- und Wellnesshotel mit Naturbadeteich auf 1147 Metern, das seinesgleichen sucht. Wer nur für Kaffee und Kuchen auf die Terrasse möchte: Am Gatter weißt ein Schild darauf hin, auf Einlass zu warten. Das kann, auch bei wenig Betrieb, dauern; Halde 2, 79254 Oberried-Hofsgrund; *halde.com*

Die Wetterstation auf dem Feldberggipfel

Sommerfrische im
Hochschwarzwald

Sommerfrische im Hochschwarzwald

26. Feldberg: Unterwegs mit dem Feldberg-Ranger
27. Schwarzwälder Skimuseum Hinterzarten: ein Wurschtbrot für den ersten Platz
28. Waldkuchi St. Märgen: Essen mit Respekt für Natur und Umwelt
29. Wälder:Genuss Bärental: alles Gute aus dem Schwarzwald
30. Wellnesswochenende in Titisee: beseelt am See
31. Biotoppflege am Rohrhardsberg: Ackern fürs Auerhuhn
32. Häusern-Höchenschwand: Wald-Wasser-Wellness im höchstgelegenen Freibad Deutschlands
33. Käse vom Hof Till in Äule: lecker Fezzi und Mozza
34. Bernau: zu Berg und zu Tal

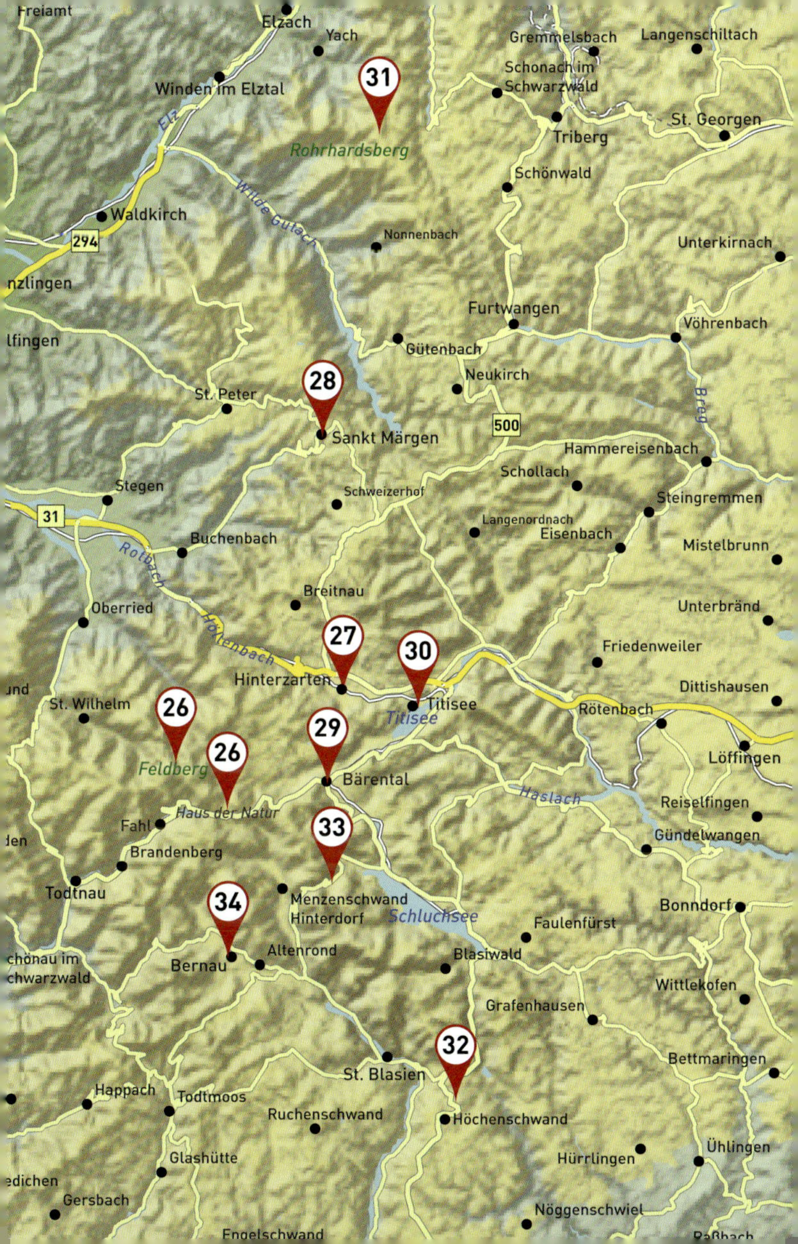
Freiamt
Elzach
Yach
31
Gremmelsbach
Langenschiltach
Schonach im Schwarzwald
Winden im Elztal
Elz
Triberg
St. Georgen
Rohrhardsberg
Schönwald
Waldkirch
Wilde Gutach
294
Nonnenbach
Unterkirnach
nzlingen
Furtwangen
Vöhrenbach
lfingen
Gütenbach
Neukirch
28
St. Peter
Breg
500
Sankt Märgen
Hammereisenbach
Schollach
Stegen
Schweizerhof
Steingremmen
31
Langenordnach
Eisenbach
Buchenbach
Mistelbrunn
Rotbach
Breitnau
Oberried
Unterbränd
Höllenbach
27
30
Friedenweiler
Hinterzarten
und
Dittishausen
St. Wilhelm
26
Titisee
Rötenbach
Titisee
29
Löffingen
26
Feldberg
Bärental
Haslach
Reiselfingen
Haus der Natur
Fahl
Gündelwangen
den
33
Brandenberg
Todtnau
34
Menzenschwand
Hinterdorf
Schluchsee
Bonndorf
Faulenfürst
Altenrond
chönau im
chwarzwald
Bernau
Blasiwald
Wittlekofen
Grafenhausen
32
Bettmaringen
St. Blasien
Happach
Todtmoos
Ruchenschwand
Höchenschwand
Glashütte
Hürrlingen
Ühlingen
edichen
Gersbach
Nöggenschwiel
Engelschwand
Raßbach

26 Feldberg

UNTERWEGS MIT DEM FELDBERG-RANGER

Er ist der höchste Berg in Baden-Württemberg und der höchste Gipfel Deutschlands außerhalb der Alpen. Was ist so besonders an diesem Berg, der, wie der Name besagt, eher einem Feld, das auf einem Berg liegt, gleicht?

Vermutlich würde Fanny Mayer bitterliche Tränen vergießen, könnte sie sehen, was aus ihrem Feldberg geworden ist. 1881 kam sie auf den Feldberg, um ihren Bruder Carl bei der Arbeit in seinem Berggasthaus zu unterstützen. Unter ihrer Leitung wurde der „Feldberger Hof" zum Zentrum des Skisports und Fanny Mayer zur Pionierin und Influencerin des Wintertourismus im Schwarzwald. Und jetzt, über 140 Jahre später, steckt der Winter auf dem Feldberg in einer tiefen Krise.

Der Oktober 2022 war der wärmste seit 1881 und echte Schneetage werden mit jedem Jahr weniger. Erstmals sind in dem heißen Sommer am Feldberg Quellen versiegt, die selbst im Hitzesommer 2013 noch kräftig sprudelten. Trotzdem will der Liftverbund Feldberg investieren: in eine größere Beschneiungsanlage, in einen großen Speichersee und in weitere Liftanlagen. Auf dem Feldberg treffen Massentourismus und Naturschutz frontal aufeinander. Es gibt neue Pläne für eine Achter-Sesselbahn zur Grafenmatt, die auch im Sommer betrieben werden soll. Eine Sesselbahn direkt in das größte Naturschutzgebiet Baden-Württembergs, wo bedrohte Vogelarten wie Auerhuhn und der Zitronenzeisig leben – da ist für die Naturschützer das Ende der Fahnenstange längst überschritten.

Der Feldbergturm vereint Schinkenmuseum, Standesamt und Maleratelier

Doch es gibt auch den Feldberg jenseits von Remmidemmi und Ballermann-Skizirkus. Um ihn zu entdecken, schließe ich mich einer Tour mit dem bekanntesten Ranger Deutschlands an. Achim Laber ist seit über 34 Jahren der Feldberg-Ranger. Wenn er von den Tieren und Pflanzen spricht, sprüht er vor Begeisterung. Er ist keiner, der mit Verboten daherkommt. Vielmehr will er aufzeigen, was hier so alles kreucht und fleucht auf den Borstgrasrasen und Magerwiesen rund um den Gipfel, und dafür sensibilisieren, wie das Miteinander gelingen kann.

Laber erzählt der Gruppe über den Wurm, der nur in der Feldberg-Region zu Hause ist. Lumbricus Badensis heißt er und ist der Saurier der Schwarzwald-Würmer. Der badische Riesenregenwurm bringt es auf stattliche 60 Zentimeter Länge und einen zeigefingerdicken Umfang. Während des Winters ist der Wurm ein genialer Selbstversorger. Mit seinem Kot kleidet er seine Wohnröhre aus, auf der Schimmelpilze wachsen, die der Wurm verspeisen kann und sich damit sein Überleben sichert. Wir erfahren, wie der Schweizer Löwenzahn auf den Feldberg gelangte. Der Ranger zeigt uns Bärwurz, Blutwurz und den gelben Enzian, aus dem der Schnaps gebrannt wird. Und wir erfahren, dass sich am Feldberg einst die Urdonauquelle befunden hat. Neben den spannenden Anekdoten gibt es herrliche Ausblicke in die von Tälern durchfurchte Landschaft bis zu den Alpen. Am Felsenweg mit Blick auf den Feldsee lernen wir, dass das Baden im See wegen des Stachelsporigen Brachsenkrauts verboten ist – eine der seltensten Pflanzenarten, die es nur im Feldsee und im Titisee gibt. Und weshalb nach über 100-jähriger Abwesenheit der Dreizehenspecht wieder zurück an den Feldberg gekommen ist.

Wilde Pfade am Felsensteig

Die dreieinhalbstündige Tour mit dem Feldberg-

Ranger zeigt auf, wie fragil das Ökosystem auf dem höchsten Berg des Landes ist und wie sich Flora und Fauna in Zeiten des Klimawandels entwickeln. Es ist eine Führung, die nachdenklich macht und das Bewusstsein schärft, dass der Mensch ohne die Natur nicht überleben wird.

Feldbergranger Achim Laber im Haus der Natur

Info

Lage: Der Feldberg liegt etwa 30 Kilometer südöstlich von Freiburg im Breisgau.

Aktivitäten:

- Führung durch das Naturschutzgebiet Feldberg: ab etwa Mitte Mai bis Ende Oktober, je nach Wetterlage auch länger, Dauer: rund 3,5 Stunden, Wegstrecke: rund sechs Kilometer, Aufstieg rund 170 Höhenmeter
- Weitere Führungen: auf dem Feldbergsteig, die Urwaldführung und auf der Pirsch mit dem Förster
- Haus der Natur: Unbedingt sich die Zeit nehmen, um sich die Dauer- und Sonderausstellungen anzusehen. Hier wird auf interaktive und kurzweilige Art das Miteinander von Mensch und Natur für jede Altersgruppe anschaulich vermittelt. Mein Tipp: an einer Führung teilnehmen und anschließend die einzelnen Stationen auf eigene Faust entdecken. Der Shop bietet eine große Auswahl an Natur- und Wanderführern, hochwertigen Souvenirs und Andenken aus geschnitztem Holz. Der Zugang ist barrierefrei; Haus der Natur am Feldberg, Dr.-Pilet-Spur 4, 79868 Feldberg, Tel. 07676 933630, *naz-feldberg.de* und *haus-der-natur-feldberg.de*

27 Schwarzwälder Skimuseum Hinterzarten

EIN WURSCHTBROT FÜR DEN ERSTEN PLATZ

Zum 125-jährigen Jubiläum des Skifahrens im Schwarzwald recherchierte ich Wintergeschichten für die Hochschwarzwald Tourismus. An eine erinnere ich mich besonders gerne. Georg Thoma flitzte vor mir durch die Räume des Skimuseums. Ich hatte Mühe, dem damals 78-Jährigen hinterherzukommen. In der Hand hielt er eine vergilbte Schwarz-Weiß Fotografie. Das Bild zeigte einen kleinen Buben, der aufgeweckt in die Kamera guckt. So als könne er ahnen, dass er zu etwas anderem berufen ist, als Kühe zu hüten. Das Bild hängte er in die Thoma-Stube. In dem Zimmer mit dem heimeligen Kachelofen stehen seine Skier. Das Paar, mit denen er als Jugendlicher die zwölf Kilometer zur Schule lief, sowie seine Langlauf- und Sprungski, auf denen er Olympiasieger wurde. Als Zwölfjähriger gewann er zum ersten Mal ein Skispringen. Das war in Neuglashütten auf einer selbst gebauten Schanze. Als Preis gab es ein Wurschtbrot. „Des war damals was ganz B'sonderes", grinste Thoma und seine blauen Augen blitzten schelmisch. Als er bei den Wettbewerben in Skandinavien

Die Winter im Schwarzwald stehen vor einer ungewissen Zukunft, die Geschichten bleiben. Das Skimuseum erzählt von den Anfängen des Skifahrens, berichtet über das Leben der Skilegende Georg Thoma und zeigt Exponate der ersten Skier bis hin zum modernsten Equipment der Rennfahrer.

Ein Besuch lohnt sich auch im Sommer

auf dem Podest stand, war der Preis ein Paar gestrickte Handschuhe und ein Norwegerpullover.

1960 wurde er mit einem Schlag berühmt: Erstmals gewannen nicht die Skandinavier. Thoma holte Olympiagold in Squaw Valley und den Weltmeistertitel. Als er nach Hause kam, jubelten ihm über 20.000 Leute zu.

Das Skimuseum erzählt seine Geschichte, wie aus dem armen Hirtenbub der gefeierte Skistar wurde. Georg Thoma hat viel Herzblut in das Museum gesteckt, das im Hugenhof untergebracht ist. Über zwei Stockwerke dreht sich alles ums Skilaufen im Schwarzwald. Von den Anfängen 1891 mit dem ersten Skiläufer auf den Feldberg und der Gründung des Skiclubs Todtnau, über die Entwicklung der Wintersportausrüstung und der Skimode bis zum Bau der legendären Bobbahn in Hinterzarten ist eine eindrückliche Dokumentation entstanden. Zahlreiche historische Foto- und Filmdokumente und Exponate wie Skier, Skischuhe, Rucksäcke und Bekleidung lassen die Zeit von damals wieder aufleben.

Georg Thoma, inzwischen 85 Jahre alt, ist immer wieder mal im Museum anzutreffen. Wer das Glück hat, mit ihm eine Führung zu unternehmen, erfährt viele weitere aberwitzige Anekdoten aus seinem spannenden Leben.

Info

Lage: Hinterzarten liegt etwa zehn Kilometer nordwestlich vom Ort Feldberg.

Adresse: Schwarzwälder Skimuseum, Im Hugenhof, 79865 Hinterzarten

Website: *schwarzwaelder-skimuseum.de*

28 Waldkuchi St. Märgen

ESSEN MIT RESPEKT FÜR NATUR UND UMWELT

Matthias Hermann kocht liebend gerne in freier Natur. Doch weil beim Erlebnismenü „Kaspers Waldmenü“ nur begrenzt Plätze vorhanden sind, hat er seine Küche nach St. Märgen verlegt. In der Waldkuchi veredelt er regionale Produkte zu leckeren Gerichten.

Buchen und Fichten sucht man vergebens in der Waldkuchi, die sich in der St. Märgemer Ortsmitte befindet. Vielmehr steht der Name für die Nachhaltigkeit und Frische der Produkte. Was in dem kleinen Lokal an kreativen Gerichten auf den den Tisch kommt, ist so frisch und lecker, als speise man tatsächlich mitten in der Natur.

Beim Kaspers Waldmenü wird auf dem Holzofen gekocht

Matthias Hermann hat sich mit seinem „Kaspers Waldmenü" – eine geführte Wanderung auf den Spuren von Glasbläsern, Uhrmachern und Holzhauern, die in einem abgelegenen Tal beim Kaspershäusle endet, wo in freier Natur gekocht und gegessen wird – einen großen Fankreis erkocht.

Gemeinsam mit seiner Partnerin Jasmien van Belle hat sich Hermann nun in St. Märgen ein kleines Refugium geschaffen, in dem er seine Philosophie, Produkte regionaler Bauern gekonnt zu veredeln, nach seinem Gusto umsetzt. Mit einem kleinen Team führen die beiden das Restaurant, das neben der schmucken Klosterkirche in einem ruhigen und angenehmen Ambiente zu finden ist. Hier lebt Matthias Hermann seine Art des Kochens, inspiriert von der Geschichte und den ursprünglichen Landschaften des Schwarzwalds, verfeinert mit Zutaten aus dem Wald und von den Wiesen.

Heimeliges Ambiente …

… in der Waldkuchi

Matthias Hermann führt das Naturpark-Wirte Siegel auf seiner Karte. Die Produkte stammen von lokalen Erzeugern und kommen von so nah und so frisch wie möglich auf den Tisch. Überhaupt spielen die lokalen Erzeugnisse die wichtigste Rolle in der Waldkuchi. „Alle Produkte stammen von Erzeugern, die genauso denken und handeln wie wir und die erkannt haben, dass es einen besseren Weg gibt für Mensch, Tier und Natur“, ist auf der Speisekarte zu lesen, die auch die Partner aufführt, von denen die Produkte stammen.

Die Menükarte offeriert zur Hälfte vegetarische Gerichte. „Das sei Herzensangelegenheit“, betont Hermann, der sich immer wieder Neues einfallen lässt, womit er seine Gäste begeistern kann. Etwa gefüllte Kohlrabi mit Rahmgemüse und eingelegten Pfifferlingen oder Zucchini-Piccata im Bergkäse-Ei-Mantel gebraten. Oder geschmorte Gelbe-, eingelegte Rote- und gehobelte Ringelbeete mit Walnussöl, Wachtelei, Röstbrot und Bio-Räucherkäse. In Frühjahr gibt es Bärlauchpfannkuchen mit frischem Gemüse und Linsenbällchen oder ein Knusperschnitzel vom Schwarzwälder Schwein mit Preiselbeeren und Kräuter-Kartoffeln.

Vegan, vegetarisch oder mit Fleisch – ...

Der kreative Waldkuchi-Chef scheut sich aber nicht vor deftiger Hausmannskost, kocht auch mal eine Lammbeuschelsuppe mit Innereien aus Herz und Lunge. Gerne verarbeitet er Getreidesorten, kreiert ein Dessert aus Musmehl oder verwendet Nacktgerste von der Schwäbischen Alb. Stets gemäß dem Motto: vernünftiges Essen mit Respekt für Natur und Umwelt.

... in der Waldkuchi wird jeder glücklich

Langeweile kommt keine auf in der Waldkuchi. Zu groß ist die Lust am Experimentieren, am Ausprobieren neuer Rezepte, die mit ihren Details überraschen. Jasmien van Belle führt den Service dezent, charmant und unaufdringlich, sodass man sich als Gast so fühlt, als sei man bei Freunden zum Essen eingeladen.

Info

Lage: St. Märgen liegt etwa 22 Kilometer östlich von Freiburg im Breisgau.

Adresse: Matthias' Waldkuchi, Klausenweg 2, 79274 Sankt Märgen, Tel. 07669 9397550

Website: *waldkuchi.de*

HINWEIS: Infos und Termine zu Kaspers Waldmenü unter *waldkuchi.de*, hier scrollen zu „Veranstaltungen"

29 Wälder: Genuss Bärental

ALLES GUTE AUS DEM SCHWARZWALD

Landmarkt und Gastwirtschaft, echt badisch und typisch Schwarzwald. Ehrliches Essen und hochwertige Produkte, handgemacht im Schwarzwald. Der Wälder: Genuss bedient keine Klischees, sondern präsentiert Genuss und Kultur mit Qualität und ureigenem Schwarzwälder Charakter.

Schwarzwälder sind aus hartem, aber ehrlichem Holz geschnitzt. Johannes Pokrzywa ist gestandener (und gebürtiger) Hotzenwälder. Er sieht so aus, wie man sich einen Wälder vorstellt: dichter Bart, Arme wie der Stamm einer Schwarzwälder Tanne. Charakter: stark, eigenwillig, stolz. Pokrzywa ist Visionär, einer der träumt, gleichzeitig auch anpackt und umsetzt. Sieben Jahre und sieben Millionen Euro hat er investiert und ein beachtliches Projekt realisiert. Der Wälder:Genuss in Feldberg-Bärental vereint Gastronomie und Landmarkt in einem dreigeschossigen Gebäude dessen gradlinige Architektur mit viel Holz, hohen, lichtdurchfluteten Räumen den Schwarzwald innen wie außen widerspiegelt. Ein Herzensprojekt des 63-jährigen Geschäftsmannes, der als Landwirt im Nebenerwerb Galloway-Rinder züchtet.

Im Erdgeschoss finden sich auf 700 Quadratmetern Produkte heimischer Bauern, Manufakturen und Erzeuger. Das Beste, was der Schwarzwald zu bieten hat: sorgfältig ausgewählte Lebensmittel, Spirituosen, Bücher (vom Schwarzwaldkrimi bis zu Wanderführern), Naturkosmetik, Handwerkliches aus Holz sowie andere kreative Designobjekte und Kunsthandwerk.

Die To-Go-Theke bietet leckere Sachen für unterwegs

Restaurant

Vesper

Linsenküchlein

Das Restaurant bringt einfaches, gutes und ehrliches Essen auf den Tisch. „Essen ohne Schnickschnack" verspricht die Menükarte. Produziert mit Leidenschaft und Respekt vor Natur, Umwelt und Tieren. Herzstück des Gastraums ist der viereinhalb Meter lange Stammtisch, gezimmert aus dem über 300 Jahre alten Holz eines Bauernhauses. Viel Raum, viel Luft, viel Licht bestimmt das Ambiente. Den Schwarzwald soll man nicht nur schmecken, das Auge isst schließlich mit. Die Speisekarte, übrigens auf Alemannisch, offeriert Wildkrüter-Salat, Bibeleskäs, ä rechte Subbe, oder deftiges wie Rumpsteak, Muuldäschle oder Lachsforelle. Es gibt Wälder Rösti in verschiedenen Variationen und ein großes Angebot an Veschper – vom Wurschtsalat bis zum Badischen Dreierlei (mit Brägele, Bibeleskäs und Wurstsalat). Die Wochenkarte offeriert wechselnde Tagesgerichte. Morgens gibt es To-go-Angebote für unterwegs – vom frisch gebrühten Kaffee bis zu belegten Broten, hausgemachten Kuchen und Snacks. Oder man kann im Restaurant gemütlich frühstücken.

Der Wälder:Genuss ist allemal einen Abstecher wert. Verkehrstechnisch günstig zwischen Feldberg und Titisee gelegen kommt man sowieso dort vorbei. Dann nichts wie einkehren oder im Landmarkt einkaufen – am besten gleich beides zusammen.

Unten Landmarkt, oben Gastwirtschaft

Info

Lage: Bärental liegt zwischen Titisee und Feldberg, beides etwa sechs Kilometer entfernt.

Adresse: Wälder:Genuss, Feldbergstraße 5,79868 Feldberg-Bärental

Website: *waelder-genuss.de*

30 Wellnesswochenende in Titisee

BESEELT AM SEE

Wenn ich vom Wiesental kommend über den Feldbergpass Richtung Titisee-Neustadt fahre, folgt diese eine Kurve, die ein fantastisches Panorama auf den Titisee preisgibt. Der Anblick löst augenblicklich Urlaubsgefühle aus.

Für meine Auszeit habe ich im Seehotel Wiesler eingecheckt. Näher am See geht nicht. Der Blick aus dem Zimmer auf den spiegelglatten Titisee hebt mich in meditative Sphären. Vom Hotel aus gelange ich über einen Steg direkt zum Privatstrand ans Ufer, wobei es einen extra Schutz für das streng geschützte Brachsenkraut gibt. Das morgendliche Bad erfrischt und belebt, ich atme die frische Luft, spüre das wohlige Kribbeln auf der Haut, als ich aus dem See steige.

Erstklassige Lage am Titisee

Frühstücken auf der Panoramaterrasse mit Blick auf die Nadelwälder und den azurblauen See: Was für ein herrlicher Start in den Tag! Das Frühstücksbuffet offeriert köstliche Produkte von heimischen Erzeugern. Hier kann ich abschalten, beseelt am See meinen Tag verbringen. Und das abseits der Besuchermassen, die tagsüber den See bevölkern – und mit einem guten Gewissen, dazu später mehr.

Zimmer mit Aussicht

Wem der Titisee zu kalt ist, der kann im Panorama-Pool seine Runden im Innen- und Außenbecken bei 30 Grad schwimmen. Oder im Whirlpool mit Seeblick abhängen. Oder bei der Aqua Fitness mitmachen. Gute Laune gibt es gratis dazu.

Pure Entspannung am Pool oder See

Am Nachmittag gönne ich mir einen Saunagang in der finnischen Bio-Kräutersauna direkt am See. Wer es richtig heiß mag, findet in der Keloholz Erdsauna bei 85 Grad die richtige Temperatur. Anschließend auf dem Barfußpfad die Füße kühlen. Oder gleich nochmal in den Titisee springen, was für eine Wohltat.

Mein Vier-Gang-Abendmenü habe ich mir bereits am Morgen zusammengestellt. Ich entschied mich für den Klimateller, ein vegetarisches Gericht mit einem sehr geringen CO2-Ausstoß.

Für die Hoteliers Eva und Klaus-Günther Wiesler ist Nachhaltigkeit kein Modewort, sondern Herzensangelegenheit. Und das bereits seit den 1980er-Jahren, als eine Stückholzheizung angeschafft wurde. Das eingesparte Geld wurde in neue Projekte gesteckt. Wiesler entwickelte einen warmwasserbetriebenen Wäschetrockner, der die Wärme nicht aus Strom, sondern über Hackschnitzelheizung bezieht. Auch an kleine Details ist gedacht:

Blick auf das Wiesler-Moor, der als CO2 Speicher eine wichtige Rolle spielt

die Badeschlappen sind plastikfrei und ohne Chemikalien, in Baden-Württemberg produziert und können nach gründlicher Reinigung wiederverwendet werden. Anstatt auf CO2-Kompensation setzen die Wieslers auf Werterhalt im heimischen Wald und pflanzten 100 Weißtannen, die typischen Urbäume des Schwarzwalds. Für ihr umweltfreundliches Hotel und Betriebsmanagement erhielten die Hoteliers zahlreiche Auszeichnungen.

Mit meinem Kurzurlaub im Seehotel tue ich nicht nur mir, sondern auch der Natur etwas Gutes. So geht Urlaub mit gutem Gewissen.

Info

Lage: Titisee-Neustadt liegt etwa 16 Kilometer nordöstlich von Feldberg.

Adresse: Seehotel Wiesler (Vier-Sterne Wellnesshotel mit Seeblick), Strandbadstraße 5, 79822 Titisee-Neustadt, Tel. 07651 98090

Website: *seehotel-wiesler.de*

31 Biotoppflege am Rohrhardsberg

ACKERN FÜRS AUERHUHN

Um die schwindende Population der Auerhühner zu schützen, legen freiwillige Helfer, Feriengäste wie Einheimische, unter fachkundiger Leitung Wildbiotope an. Voluntourismus nennt sich diese Art der Urlaubsgestaltung, bei der Besucher helfen, das Überleben des Auerhuhns zu sichern.

Irgendwo am Rohrhardsberg bei Schonach: Wir stehen im Wald, eine Axt in der einen, eine Astschere in der anderen Hand. Es riecht erdig nach Moos und Pilzen, nach dem leicht harzig-ätherischen Duft von Fichten und Tannen. Ein warmes Septembermorgenlicht schimmert sacht durch Laub- und Nadelbäume. Es schickt sich an, einer dieser Spätsommertage zu werden, über die sich ein hellblauer Himmel spannt und an dem die Sonne mit voller Kraft ihre Strahlen zur Erde wirft, bevor der Herbst seinen Einzug hält.

Gemeinsam mit 20 anderen Freiwilligen stapfe ich einen grasbewachsenen Waldweg bergauf. Uns hat eine Mission zusammengeführt: Wir wollen dem Auerhuhn helfen. Denn einer der letzten Ureinwohner des Schwarzwalds ist akut vorm Aussterben bedroht. Die Bestände sind dramatisch zurückgegangen. Mit der heutigen Aktion wollen wir uns als Freiwillige beteiligen, damit das verbliebene Auerwild bessere Chancen zum Überleben hat. Wir, das ist eine bunt gemischte Gruppe aus allen Berufs- und Altersschichten, aus nah und fern. Vom Krankenpfleger bis zur Ingenieurin, von Rentnern bis zu Geschäftsführern. Was uns eint, ist die Naturverbundenheit – und die Möglichkeit, uns in unserer Freizeit oder im Urlaub für den Naturschutz zu engagieren.

Ackern für das Auerhuhn

Dass wir zur Biotoppflege Fichten fällen, leuchtet mir zunächst nicht ein. Es sind keine mächtigen Riesen, es sind gerade mal 40 oder 50 Zentimeter hohe Stämmchen. Doch sie sind überall. Man sieht den Wald(boden) vor lauter Fichten nicht! Sie nehmen anderen Pflanzen das Licht – innerhalb weniger Jahre wäre der Waldboden derart zugewachsen, dass das Auerhuhn, das lichte Nadelwälder und offene Korridore benötigt, hier keine Nahrung mehr fände.

Bevor wir zu den Astscheren greifen, gibt es einen Crashkurs in Baumkunde. Denn den Fichten soll es an den Kragen gehen – nicht den jungen Tannen! Bei der Fichte sind die Nadeln spitz und piksen. Die Weißtannennadeln sind runder und weicher, auf der Unterseite sind zwei weiße Streifen zu sehen. Es folgt ein Exkurs zum Sägen, Schneiden, Fällen und zur Handhabung der Werkzeuge. Unser Werkzeug ist die Astschere, mit der wir die Fichten herausschneiden.

Nur einen Schritt neben dem Waldweg beginnt der Dschungel aus Farnen, Buschwerk und zähen kleinen Fichten. Ich suche mir das erste Nadelbäumchen, mache den Fingertest – es pikst: aha, Fichte! – und setze die Astschere an. Einen kurzen Moment zögere ich. Es tut mir weh, das kleine Bäumchen abzuschneiden. Dann überwinde ich mich zu einem beherzten Schnitt und ziehe die Fichte aus dem verwachsenen Waldboden. Hier geht es schließlich um das Überleben des Auerhuhns! Nächste Fichte – zack, weg ist sie. Ackern fürs Auerhuhn.

Damit geht es den Fichten an den Kragen

Bereits nach kurzer Zeit sehen wir, was wir geleistet haben. Plötzlich gibt es luftige Flächen, wo zuvor noch alles überwuchert war. Auf einer Lichtung türmen sich die abgeschnittenen Äste und Bäume zu einem großen Haufen. Hier finden künftig Hennen und Küken Unterschlupf vor ihren Feinden. Und das Wichtigste: Wir haben jede Menge Spaß dabei, zusammen anzupacken.

Geschafft! Eine Fichte weniger

Mit der Biotoppflege verfolgen ForstBW und der Naturpark Südschwarzwald einen integrativen Ansatz. Und für uns Freiwillige bleibt nach dem Einsatz die Freude und Hoffnung, ein klein wenig dazu beizutragen, dass es im kommenden Jahr wieder mehr Brutpaare gibt, die den Rohrhardsberg bevölkern. Und dass damit ein wenig Hoffnung besteht, dass das Auerhuhn im Schwarzwald überleben wird.

Voluntourismus-Einsätze im Schwarzwald: Informationen und Termine unter

- *nationale-naturlandschaften.de*
- *naturpark-suedschwarzwald.de/eip/pages/voluntourismus.php*

Informationen zum Auerhuhn: *auerhuhn-schwarzwald.de*

32 Häusern-Höchenschwand

WALD-WASSER-WELLNESS IM HÖCHSTGELEGENEN FREIBAD DEUTSCHLANDS

Mit Waldbaden wird das japanische Shinrin Yoku, das bewusste Eintauchen und Erleben der Waldatmosphäre mit allen Sinnen, bezeichnet. Wer im Wald badet, tut seiner Gesundheit Gutes, wie wissenschaftliche Studien belegen. Im Waldfreibad Häusern-Höchenschwand ist Waldbaden Programm: sich im warmen Wasser aalen und gleichzeitig die herrliche (heilklimatische) Waldluft des Schwarzwalds einatmen. So geht Wald-Wasser-Wellness im Südschwarzwald – und das bereits seit 1974.

Mitten im Wald wird das Waldbaden zum puren Genuss. Auf knapp 1000 Meter Höhe belebt die erfrischende Waldluft mit ihren ätherischen Düften, während im Wasser angenehme Temperaturen herrschen.

Freilich darf man auf 971 Meter Höhe keine Südsee-Temperaturen erwarten. Das Wasser ist durchgehend auf mindestens 21 Grad geheizt, im Sommer werden Temperaturen von 25 Grad erreicht. Im Becken von 50 auf 17,5 Metern lassen sich wunderbar Bahnen ziehen, während man rundherum auf eine parkähnliche Landschaft mit großen, schattenspendenden Bäumen schaut.

Ein Nichtschwimmer- und Kleinkind-Bade-Bereich mit Planschbecken sorgen auch für Spaß bei den jüngsten Badegästen und Familien. Kinder finden außerdem jede Menge Spielgeräte vor, auf der Beach-Volleyball-Anlage und beim Tischtennis können sich die größeren Badegäste austoben. Zum Bad gehört ein kleines Bistro mit Restaurant und einer schönen, sonnigen Terrasse. Das Waldbad wird seit 2005 durch einen privaten Förderverein betrieben. Gebaut wurde es als „Höchstgelegenes, beheiztes Freiwimmbad Deutschlands“ von den Gemeinden Häusern und Höchenschwand im Jahr 1974.

Wenn unten im Tal erdrückende Schwüle herrscht, dann bietet sich ein Abstecher auf die Höhe an. Hier herrschen im Hochsommer durchgehend angenehme Temperaturen. Das Schwimmbad ist von einem Waldstück umgeben, das zusätzlich für einen kühlenden Effekt sorgt.

So geht Waldbaden im Südschwarzwald

Wer seiner Gesundheit etwas Gutes tun möchte, sollte also regelmäßig im „Wald baden“. Und warum nicht dabei ins herrlich erfrischende Nass eintauchen? Ein Tag oder Nachmittag im Waldbad erfrischt und belebt auf wunderbare Weise.

Info

Lage: Häusern und Höchenschwand liegen etwa 20 Kilometer südöstlich von Feldberg.

Adresse: Waldfreibad Häusern-Höchenschwand, Umgehungsstraße 9, 79862 Höchenschwand

Aktivitäten: Wer vor oder nach dem Baden noch Wandern möchte, der findet ab Häusern wunderschöne Wanderwege, wie die zur Wittlisbacher Kapelle, die an einem Barfußpfad und an einem Kneipp-Tretbecken vorbeiführt.

Website: *waldfreibad.com*

33 Käse vom Hof Till in Äule

LECKER FEZZI UND MOZZA

30 Thüringer Waldziegen und 20 Hinterwälder Mutterkühe liefern die wertvollen Rohstoffe, die auf dem Hof zu leckeren Käsesorten veredelt werden.

Johannes Till lernte Koch in einem Sternerestaurant. Doch er kehrte der Haute Cuisine den Rücken, um den elterlichen Hof zu übernehmen. Seine Frau Kathrin erlernte das Sennerinnen-Handwerk auf einer Graubündner Alp. Gemeinsam bewirtschaften sie den Hof und bringen ihre Kenntnisse und Fertigkeiten in die eigene Produktion ein.

Produkte mit Leidenschaft und Qualität

Ihre Waldziegen und Hinterwälder Kühe sind optimal an die rauen Wetterverhältnisse im Hochschwarzwald angepasst. Rund um den Hof finden die Tiere bestes Futter mit Kräutern und Gräsern. Und das schmeckt man. In der Käserei werden Kuh- und Ziegenmilch auf traditionelle, handwerkliche Weise zu Berg-, Schnitt- und Frischkäse verarbeitet. Der „Fezzi", ein Salzlakekäse nach Feta-Art, wurde 2022 mit der Silbernen Käseharfe ausgezeichnet. Der „Mozza", ein Weichkäse, besticht durch seine feinen Kräuter. Bei allen Produkten spürt man die Leidenschaft und die Qualität, mit der sie produziert wurden. Aus den Milchprodukten

Johannes Till mit seinen Thüringer Waldziegen

Die Thüringer Landziege ist robust und widerstandsfähig

werden auch Aufstriche oder eine herzhafte Käse-Hirse-Schnitte hergestellt.

In der Hofküche geht Johannes Till weiter seiner großen Leidenschaft, dem Kochen, nach. Das Fleisch wird selbst portioniert und mit eigener Rezeptur von Bolognese, Gulasch und Rinderfonds eingekocht und veredelt.

Info

Lage: Schluchsee liegt etwa 15 Kilometer östlich von Feldberg.

Adresse: Hof Till, Äule 9, 79859 Schluchsee-Äule, Tel. 07656 1792

Website: *hof-till.de*

HINWEIS: Käseroute Südschwarzwald: Im Naturpark Südschwarzwald haben sich Hofkäsereien zum Verein „Käseroute" zusammengeschlossen. Auf den Höfen wird ein reiches Angebot an Käsesorten – vom Schwarzwälder Bibiliskäs bis zum würzigen Bergkäse – gefertigt und in den Hofläden vor Ort verkauft. Viele Hofläden bieten Vesper und Verkostung an. Eine Auflistung aller Hofkäsereien sowie das Faltblatt Naturpark-Käseroute findet sich unter *naturpark-suedschwarzwald.de/de/freizeit-sport/kaeserouten.php*

34 Bernau

ZU BERG UND ZU TAL

In Bernau trifft ursprüngliche Landschaft auf gelebte Kultur und authentische Küche. Das Hochtal empfängt Besucher zu jeder Jahreszeit mit herzlicher Gastfreundschaft.

Bernau verfügt über eine gute Ausgangslage. Der Ort liegt im Tal, das immerhin stolze 900 Meter hoch ist. Apropos Ort. Bernau besteht aus zehn Ortsteilen, daher ist es gar nicht so einfach, herauszufinden, wo genau Bernau anfängt, wo es aufhört und wo das eigentliche Dorfzentrum liegt.

Das Bernauer Hochtal ist acht Kilometer lang und schmiegt sich am Ende dem Herzogenhorn zu Füßen, dem zweithöchsten Schwarzwälder Berg, der auch einen echten Gipfel besitzt. Auf seiner windumtosten 1415 Meter hohen Spitze ragt neben der höchstgelegenen Himmelsliege das höchste Gipfelkreuz empor.

Von oben zeigt sich, wie weit und hell und offen sich die zehn Ortsteile in der Landschaft verteilen. Drumherum nur Wiesen, Weiden und Wälder. Himmelsliegen und Panoramabänke säumen die Wanderwege, Hinterwälder Rinder halten die Landschaft offen. Es ist eine beseelte Landschaft, die herrlichen Weitsichten auf die Schweizer Alpen tun ihr Übriges.

Hochtal mit Suchtfaktor

Herbstmorgen am Herzogenhorn

Beste Lage zum Sonnenaufgang am Herzogenhorn

Die Wanderwege zählen zu den feinsten und abwechslungsreichsten im Schwarzwald. Wer Premium-Wandern will, kann sich auf dem Hochtal-Steig verausgaben, den man besser unter der Woche geht, will man die Natur ein bisschen für sich haben.

Mich zieht es gerne hinauf zum Blößling, der ebenfalls ein Gipfelkreuz und herrliche Aussichten parat hält. Oder ich gehe den Klassiker, im Winter oft mit Schneeschuhen: Aufstieg von Bernau-Hof zum Herzogenhorn, Abstieg über die Krunkelbachhütte mit anschließender Einkehr. Wer es gemütlich mag, dem sei der Panoramaweg mit seinen vielen Himmelsliegen empfohlen.

Wandern macht hungrig und damit beginnt die Qual der Wahl. Wo einkehren? Bei insgesamt zwölf gastronomischen Betrieben ist für jeden etwas dabei. Im Bergblick kocht Jürgen Schön seine pfiffige Schwarzwald-Küche, die jedem Gaumen gerecht wird – vom Veganer bis zum Fleischliebhaber. Dazu der stimmige, freundlich-familiäre Service – und die Einkehr wird zur Freude.

Im Bergblick serviert Jürgen Schön Fleisch aus der eigenen Jagd

Das Schwarzwaldhaus serviert die feinsten Forellen, im Rössle kommen Wild- und Fischgerichte auf den Tisch. Alle drei Gastronomen sind Naturpark-Wirte und alle können sie wunderbar kochen. Und, Du ahnst es bereits, es wird nicht bei einem Besuch in Bernau bleiben. Bernau bietet Potenzial für Wiederkehrer.

Für Kaffee und Kuchen ist die Bäckerei Café Stoll meine erste Wahl. Günstig gelegen direkt gegenüber von der Tourist-Info und dem Hans-Thoma-Museum. Bei schönem Wetter draußen am Bistrotisch, sonst oben im Saal, wo es noch sehr nostalgisch zugeht.

Bernau besitzt mit dem Hans-Thoma-Museum einen ganz besonderen Schatz. 1839 in Bernau-Oberlehen geboren, wurde Hans Thoma um 1900 zu Deutschlands beliebtesten Landschafts- und Porträtmaler. Jährlich widmet Bernau seinem großen Künstler das Hans-Thoma-Fest mit Verleihung eines hoch dotierten Kunstpreises. Im Museum sind mehr als 50 Werke, dar-

Im Hans-Thoma-Museum

unter Gemälde, Grafiken und Majolika, ausgestellt. Eine weitere Dauerausstellung widmet sich den Werken von Karl Hauptmann, der in seinem kleinen Molerhüsli auf der Grafenmatt lebte, seine Staffelei direkt in die Natur stellte und eindrucksvolle Landschaftsmotive schuf, die mit ihren Licht- und Schattennuancen brillieren. Die Winterlandschaften um Feldberg, Herzogenhorn und Menzenschwand zeugen von tief verschneiten Landschaften, wie man sie heute nicht mehr kennt.

Im Holzschneflermuseum Resenhof wird die Welt der Kübler und Schnefler lebendig. Ab Mitte des 14. Jahrhunderts begannen die

Bernauer Bauern mit Schnefeln ihr karges Einkommen aufzubessern. Mit einfachen Werkzeugen, Schnitz- und Ziehmessern fertigten sie Hobel, Schindeln, Löffel oder Spanschachteln und Mausefallen. Um 1850 arbeiteten im Bernauer Hochtal mehr als 200 Holzschnefler, darunter Kübler, Spanschachtelmacher, Löffelmacher und Drechsler. Im Resenhof sind die original Handwerkstätten zu sehen. Aus dem einstigen Gewerbe hat sich das holzverarbeitende Handwerk entwickelt. Heute sind es Holzschnitzer, Möbelschreiner und Zimmerer, die die Tradition der Holzschnefler fortsetzen und für solides Schwarzwälder Handwerk aus Bernau stehen.

Info

Lage: Bernau im Schwarzwald liegt etwa 36 Kilometer südöstlich von Freiburg im Breisgau.

Info: Tourist-Information Bernau, Rathausstraße 18, 79872 Bernau im Schwarzwald, Tel. 07675 160030

Website: *bernau-schwarzwald.de*

Einkehren/Unterkünfte:

- Landgasthof Bergblick: Zimmer mit viel Licht und Holz, eines der reichhaltigsten Frühstücksbuffets, die ich kenne; Hasenbuckweg 1, 79872 Bernau, *bergblick-bernau.de*
- Das Rössle: Wellnesshotel mit Hallenbad und Sauna; St.-Johann-Weg 2, 79872 Bernau, *roessle-bernau.de*
- Naturparkhotel Schwarzwaldhaus: Wellnessanwendungen und Sauna Am Kurpark 26, 79872 Bernau, *schwarzwaldhaus-bernau.de*

Aktivitäten:

- Hans-Thoma-Kunstmuseum: Rathausstraße 18, 79872 Bernau-Innerlehen, *hans-thoma-museum.de*
- Holzschneflermuseum Resenhof: Resenhofweg 2, 79872 Bernau-Oberlehen, Tel. 07675 160040, *bernau-schwarzwald.de/eip/pages/resenhof.php*

Wilde Winkel im Elz- und Simonswäldertal

Herrliche Blicke ins Elztal

Wilde Winkel im Elz- und Simonswäldertal

35. Der Berg der Kräfte: Mythos Kandel
36. Kulturhistorisches Juwel: Totentanz in der Beinhauskapelle zu Bleibach
37. Simonswäldertal: im wildesten Winkel des Schwarzwalds
38. Dollenseppler und Benjaminler: das Geheimnis des Schwarzwälder Kirschwassers
39. Flüssiges Gold: ein Besuch in der Ölmühle Simonswald
40. Faller Miniaturwelten Gütenbach: Faszination Modellbau

Yach
Oberwinden
Winden im Elztal
36
38
Bleibach
Gutach im Breisgau
39
Simonswald
294
Waldkirch
Simonswäldertal
35
Kandel
37
40
Glottertal
37
Gütenbach
St. Peter
Sankt Märgen
Eschbach
Wittental
Stegen
500
Kirchzarten
Buchenbach
Oberried
31

35 Der Berg der Kräfte

MYTHOS KANDEL

Wie ein pyramidenförmiger Klotz erhebt sich der 1241 Meter hohe Kandel aus der Rheinebene. Der imposante Gipfel zwischen Elztal, Simonswäldertal und Glottertal bietet phänomenale Aussichten und fabelhafte Freizeitmöglichkeiten.

Es ist noch gar nicht so lange her, als der Kandel den Beinamen Hexenberg trug. Auf der Teufelskanzel versammelten sich die Hexen, bevor sie auf Besen und Schweinen ins Tal flogen. 1981 krachte in der Walpurgisnacht die Spitze der Teufelskanzel ab. Im Felsschutt wurde sogar ein Besen gefunden! Das ist nur eine der vielen Geschichten über den sagenumwobenen Gipfel.

In die dunkle Zeit der Hexenverfolgung im Elztal führt das interaktive Spiel Kandelgeheimnis. Der Outdoor-Escape-Walk führt durch die mystischen Wälder des Kandel zu den Felsen der Teufelskanzel und folgt den Spuren der Margaretha, um die Geheimnisse der dunklen Mächte aufzudecken.

Ausblick von der Thomashütte

Wer das mächtige Kandelmassiv umwandern möchte, folgt dem Josef-Seger-Weg. Auf sieben Kilometern führt die Wanderung auf schmalen Pfaden zu den schönsten Aussichtspunkten mit traumhaften Fernblicken zur Hornisgrinde, zum Feldberg, ins Rheintal und bis zu den Alpen. An der Thomashütte befindet sich ein herrlicher Rastplatz, der zum Verweilen einlädt.

Mit der Bergwelt Kandel hat der Berg ein neues Aushängeschild erhalten. Firmen aus der Region schlossen sich zusammen, um an Stelle des alten Kandelhotels ein modernes Berg- und Freizeithotel zu realisieren. Das Gebäude ist durch Berg- und alpenländi-

Der Kandelfels ist ein beliebtes Klettergebiet

sche Architektur inspiriert und wurde aus heimischer Weißtanne errichtet. Es beherbergt eine Gaststätte mit Selbstbedienungsrestaurant, Biergarten sowie ein Hotel mit Gästezimmern und Suiten.

Wer lieber rustikal einkehren möchte, dem bietet sich mit der Gummenhütte beim Fensterli-Wirt eine urige Hütte, in der auch übernachtet werden kann. Die Gummenhütte befindet sich nur einen halben Kilometer vom Kandelparkplatz auf der Glottertäler Seite entfernt. Der Weg ist ausgeschildert. Auf der Gummenhütte gilt übrigens die Nasse-Bank-Regel: Sind sie zu nass, um darauf zu sitzen, ist die Hütte geschlossen.

Info

Lage: Der Kandel liegt etwa 20 Kilometer nordöstlich von Freiburg im Breisgau und etwa acht Kilometer östlich von Waldkirch.

Aktivitäten:

- Berggeheimnis Kandel: interaktives Outdoor-Escape-Erlebnis, Start und Ziel: Bergwelt Kandel, Dauer: rund vier Stunden, Wegstrecke: 4,7 Kilometer, schwere Wegstrecke, nicht kinderwagentauglich, Teilnehmerzahl drei bis 36 Personen, *berggeheimnis.com*
- Kandelgipfel-Umrundung auf dem Josef-Seger-Weg: Start/Ziel: Infopoint gegenüber der Bergwelt Kandel, Länge: rund sieben Kilometer, 238 Höhenmeter Auf- und Abstieg, Dauer: rund 2,5 Stunden, Schwierigkeit: mittelschwer, *zweitaelerland.de/article/tour/c14f36c6-3862-46af-ae8e-7bffa174b94e#/article/c14f36c6-3862-46af-ae8e-7bffa174b94e*

Einkehren:

- Bergwelt Kandel: Kandel 1, 79183 Waldkirch, Tel. 07681 4935858, *bergwelt-kandel.de*
- Gummenhütte, Fensterliwirt: bei schlechtem Wetter geschlossen; 79183 Waldkirch, Tel. 0175 4727066, *gummenhuette.g-valley.de*

36 Kulturhistorisches Juwel

TOTENTANZ IN DER BEINHAUSKAPELLE ZU BLEIBACH

Hämisch grinst er Dich an, der Sensenmann. Er weiß, dass Dein letztes Stündlein geschlagen hat. Jetzt bittet er Dich zum Tanz. Wie alle anderen musst auch Du das Tanzbein schwingen.

Gruselig, faszinierend und einzigartig präsentiert sich der Bleibacher Totentanz aus dem Jahr 1723 in der Beinhauskapelle dem Betrachter. Im Mittelpunkt des Wandgemäldes stehen sechs Knochengerippe, die auf ihren Instrumenten musizieren.

Früher kam es häufig vor, dass die Friedhöfe, die sich direkt bei der Kirche befanden, vollends belegt waren. Man behalf sich, indem die Gebeine früherer Verstorbener ausgegraben und in einer eigens errichteten Beinhauskapelle hinterlegt wurden. Die Kapelle wurde mit Sitzbänken, einem Altar und einem Becken mit Weihwasser ausgestattet. So konnten die Angehörigen nach dem Gottesdienst ihre Toten besuchen und dabei über ihre eigene Sterblichkeit nachdenken.

Auf den umlaufenden 33 Bildern sind Knochenmänner mit unterschiedlicher Mimik zu sehen. Sie fordern Kleinkind, Taglöhner und Bauernburschen sowie Edelmann, König und Geistlichen zum Tanz auf. Die Aussage ist schlicht und ergreifend: Jeder, ob arm oder reich, muss einmal sterben. Für den Tod spielen Ansehen und Stellung, Besitztümer und Geld keine Rolle. Er kommt zu jedem, sogar zum unschuldigen Kind.

Das vollständig erhaltene Wandgemälde wurde mit Ölfarbe auf das holzverschalte Rundgewölbe der Kapelle aufgemalt, die sich direkt neben der Pfarrkirche St. Georg in Bleibach befindet. Er ist in Gestaltung und Aussage ähnlich dem Totentanz von Basel. Es ist der einzige vollständig erhaltene Totentanz im süddeutschen Raum und einer der wenigen verbliebenen in Europa – ein unschätzbar wertvolles kulturhistorisches Juwel.

Im Anschluss empfehle ich auf den Turm der St. Georg-Kirche zu steigen. Die Kirche vereint fünf Stilepochen – vom späten Mittelalter bis zur Moderne. Der neuzeitliche Kirchturm, aus heimischer Weißtanne gebaut, besticht durch seine dreieckige Grundform, die die Dreifaltigkeit symbolisiert. Das offene Fundament, mit Gneissplitt gefüllt, erinnert an die Bergbautradition des Ortes.

St. Georg mit Beinhaus

Oben auf der Aussichtsplattform des 33 Meter hohen Kirchturms lassen sich die Wände nach allen Seiten hin öffnen. Der Blick fällt auf die umliegende Schwarzwaldlandschaft. Und, auch das ist symbolisch: Der neue Turm der Kirche befindet sich genau am Schnittpunkt der drei Täler Elztal, Simonswäldertal und Siegelauertal.

Der Tod bittet zum Tanz

Info

Lage: Gutach-Bleibach im Breisgau liegt etwa sechs Kilometer nordöstlich von Waldkirch.

Adresse: Kirche St. Georg und Beinhauskapelle, Dorfstraße 31, 79261 Gutach im Breisgau-Bleibach

Aktivitäten:

- Führungen Totentanz und Kirchturm: Tel. 07685 9088913, *erlebnis@zweitaelerland.de*

Website: *schwarzwald-tourismus.info/attraktionen/totentanz-in-der-beinhauskapelle-7c890e6c01*

37 Simonswäldertal

IM WILDESTEN WINKEL DES SCHWARZWALDS

Wer den wildesten Winkel im südlichen Schwarzwald entdecken will, dem empfehle ich das Simonswäldertal. Hinein in tiefe Schluchten, zu Bannwäldern und rauschenden Wildbächen.

Die Wildbach-Tour ist eine der schönsten Tageswanderungen, die einiges an Kondition und Trittsicherheit verlangt. Belohnt werden die steilen Auf- und Abstiege mit wilder Natur, zünftigem Vesper und herrlichen Ausblicken.

Am Hohwartsfelsen

Der Einstieg beginnt recht zahm, talaufwärts folgen wir der Wilden Gutach. Wilder wird es in der Teichschlucht, das Wasser gewinnt stetig an Kraft, wir wandern an Felsenwänden entlang und steigen über massige Blockhalden. Der steile Serpentinenanstieg zur Hintereck-Hütte fordert die Kräfte. Oben auf 950 Metern angekommen wähnen wir uns wie in einem Adlerhorst hoch über dem Tal. Draußen an der Schindelwand sitzen und den Blick schweifen lassen – phänomenal. Der Abstieg über den „Spitzen Stein", einer einstigen keltischen Kultstelle, führt über schmale, steile Pfade ins Kilpenbachtal und zurück zum Ausgangspunkt.

Bannwald-Tour zu den Zweribachwasserfällen

Die Rundwanderung führt von St. Märgen aus in die urwaldartigen Bannwälder, in die sich Hirsch- und Zweribach, von der

Die Bannwald-Tour erfordert Trittsicherheit

Hochfläche an der Südflanke des Kandels kommend, tief in die Wälder eingeschnitten haben. Früher gehörten die Wälder den Klöstern zu St. Peter und Waldkirch. 1592 vergaben die Klöster Siedlungsrechte an Tiroler Holzbauern, die das Tal unter unsagbaren Anstrengungen urbar machten. Hungersnöte, Missernten und Lawinen überschatteten das einsame Leben der Siedler. Gegen Ende des 18. Jahrhunderts verkauften die meisten Bauern ihre Grundstücke an die Forstbehörde. Seit 1969 sind die Wälder um Hirsch- und Zweribach als Natur-

Bei den Zweribachwasserfällen

schutzgebiet und Bannwald ausgewiesen. Der Weg ist steil und vor allem bei Nässe rutschig, bei den Wasserfällen geht es über Treppen und Stege, die teilweise mit Stahlseilen gesichert sind. Am Ende der Schlucht öffnet sich eine Lichtung mit einer kleinen Hütte und Kapelle.

Info

Lage: Das Simonswäldertal liegt etwa zehn Kilometer östlich von Waldkirch.

Aktivitäten/Wanderungen:

- Die Wildbach-Tour ist als Nr. 17 auf der ZweiTälerLand-Wanderkarte markiert und ausgeschildert. Start und Ziel: Wanderparkplatz am Hohrain, Obersimonswald. Länge: 12,5 Kilometer, 638 Meter Aufstieg, 630 Meter Abstieg, Dauer: vier bis viereinhalb Stunden, Schwierigkeit: schwer, Trittsicherheit und gutes Schuhwerk erforderlich, GPS Daten: *schwarzwald-tourismus.info/touren/wildbach-tour-c1eb47667d*
- Bannwald-Tour zu den Zweribachwasserfällen: Start/Ziel: Hotel Hirschen, Feldbergstraße 9, 79274 St. Märgen, Länge: 12 Kilometer, 524 Meter Auf- und Abstieg, Dauer: rund vier Stunden, Schwierigkeit: schwer, Trittsicherheit und gutes Schuhwerk erforderlich, GPS Daten: *hochschwarzwald.de/touren/durch-den-mystischen-bannwald-zum-zweribach-wasserfall-f2e5a0cf88*

Einkehren:

- Hintereck-Hütte: ausschließlich im Außenbereich mit Selbstbedienung bei trockenem Wanderwetter; Hintereck 1, 79263 Simonswald, Tel. 07723 9297600, *www.hintereck.de*

Übernachten:

- Ferienwohnung Hintereck: Auf dem ehemaligen, über 300 Jahre alten Bauernhof kann eine Ferienwohnung gemietet werden; Hintereck 1, 79263 Simonswald, Tel. 07723 9297600, *www.hintereck.de*

38 Dollenseppler und Benjaminler

DAS GEHEIMNIS DES SCHWARZWÄLDER KIRSCHWASSERS

Das Brennen von Obstbränden ist eine jahrhundertealte Tradition im Schwarzwald. Weshalb aber ist ausgerechnet das Schwarzwälder Kirschwasser so berühmt geworden?

Dass der Schwarzwälder Kirsch einen so ausgezeichneten Obstbrand ergibt, hängt vor allem mit der geografischen Lage und den Böden, auf denen die Kirschbäume stehen, zusammen. Die Streuobstwiesen an den Westausläufern des Schwarzwalds werden von der Sonne verwöhnt und sind vor kalten Winden geschützt. Die günstige Lage gibt den Kirschen Zeit, in Ruhe von Mai bis Juli heranzureifen, wobei die Höhenlage ein zu schnelles Reifen verhindert. Auch die schwarzwaldtypischen Gneis-, Granit- und Porphyrböden tragen mit zur hohen Qualität der Kirschen bei.

Hauptsächlich werden die Sorten „Dollenseppler" und „Benjaminler" verwendet. Beide Kirschen sind alte Streuobstsorten, die auch in steilen und kälteren Lagen einen ausgezeichneten Ertrag einbringen. Die Früchte sind kleiner und zuckerhaltiger als Tafelkirschen. Mit ihrer weichen Schale sowie dem sehr süßen und aromatischen Geschmack und dem ausgeprägten Kirschbukett sind sie die besten Rohstoffe für den Schnaps.

Für die Herstellung von Schwarzwälder Kirschwasser gelten strenge Qualitätsvorschriften. Es darf nur aus ausschließlich im Schwarzwald geernteten Kirschen durch Gärung und Destilla-

Seit 1924 brennt die Familie Weis nach eigenen Rezepturen

tion im Schwarzwald hergestellt werden. Der Edelbrand muss einen Alkoholgehalt von mindestens 40 Prozent vorweisen, außer Wasser dürfen keine anderen Stoffe zugesetzt werden. Ein guter Brand muss sorgfältig vorbereitet werden. Dazu braucht es Zeit und sehr viel Erfahrung. Zunächst findet die Gärung statt, wobei der Fruchtzucker in Alkohol und Kohlensäure umgewandelt wird. Danach wird die Maische für einige Wochen zwischengelagert. Das hochprozentige Destillat wird traditionell in Kupferkesseln destilliert. Ein hervorragender Brand zeichnet sich durch ein weiches Kirscharoma aus, das mit einer zarten Bittermandelnote durchsetzt ist. Dieser Geschmack entsteht durch die Kirschsteine in der Maische.

Früher trank man Schnaps nur zu ganz besonderen Anlässen, heute genießt man ihn am Ende einer Mahlzeit oder zwischendurch.

Der Laden

Info

Lage: Gutach im Breisgau liegt etwa sechs Kilometer nordöstlich von Waldkirch.

Adresse: Elztalbrennerei Georg Weis GmbH, Elzstraße 39-41,
79261 Gutach im Breisgau

Website: *elztalbrennerei.de*

Weitere Aktivitäten:

- Die Obstbrennerei Ritter bietet auf ihrem im Jahr 1440 gegründeten Rotenhof Führungen mit Schnapsprobe an. Auf dem Hof wurde eigens für die Fernsehserie „Die Fallers" eine urige Brennerei installiert, die bei Dreharbeiten zum Einsatz kommt; Obstbrennerei Ritter, Rohrbacherstraße 4, 78120 Furtwangen, Tel. 07723 4482, *obstbrennerei-ritter.de*

39 Flüssiges Gold

EIN BESUCH IN DER ÖLMÜHLE SIMONSWALD

In der historischen Ölmühle wird wie vor 300 Jahren durch Kaltpressung kostbares Walnussöl hergestellt. Donnerstags gibt es ofenfrisches Bauernbrot und Striebli.

Es ist wirklich flüssiges Gold: Das Walnussöl wird in einem sehr aufwendigen Verfahren hergestellt, bei dem nur die besten Walnüsse verwendet werden. Während der Wintermonate sitzen Mitglieder des Brauchtumsvereins zusammen, um in Handarbeit die Nüsse zu knacken, die dann in der Mühle durch Kaltpressung zu Öl verarbeitet werden. Die Qualität hat ihren Preis; aus eigener Erfahrung kann ich sagen, dass jeder Tropfen sein Geld wert ist.

Schmuckstück in Simonswald

Die 1712 erbaute Ölmühle in Form eines Schwarzwälder Heidenhauses ist ein echtes Schmuckstück. Sie befindet sich auf Insel zwischen der Wilden Gutach und dem Mühlenkanal. In der Mühle wurden vor allem Raps, Mohn und Walnüsse zu Öl verarbeitet. Von Ostern bis Oktober bietet sich ein Besuch am Donnerstag an. Dann verkaufen die Frauen vom Brauchtumsverein ofenfrisches Bauernbrot, im Wechsel gibt es Pizza oder Striebli.

Das Herstellen der Striebli ist eine Kunst für sich. Agnes Braun beherrscht dies wie keine andere. Teig, Temperatur und der Umgang mit dem Striebli-Löffel, all das muss exakt aufeinander abgestimmt sein. Mit kreisenden Bewegungen füllt sie den flüssigen Teig in den mit heißem Fett gefüllten Topf. Der Teig brodelt und innerhalb weniger Sekunden verfestigt sich die Masse

Vorsicht! Lecker, aber Kalorienbombe

Herrliche Ausblicke vom Höllkopf über Simonswald

zu einer goldbraunen Substanz. Jetzt muss die Seite gewendet werden, damit die Striebli nicht zu dunkel werden. Wichtig ist auch, dass der Teig möglichst gleichmäßig und dünn in den Topf gegeben wird. Die Striebli sollen filigran und ebenmäßig aussehen. Das fertige Gebäck wird aus dem Topf genommen und sofort mit Puderzucker bestreut serviert. Die Striebli sind fluffig, knusprig, süß und schmecken himmlisch lecker. Früher wurde das Gebäck in katholischen Gegenden am Freitag aufgetischt. Weil man es traditionell ohne Fleischbeilage gegessen hat, sagte man spöttisch „Hennekuddle" dazu.

Info

Lage: Simonswald liegt etwa zehn Kilometer östlich von Waldkirch.

Adresse: Ölmühle Simonswald, Talstraße 55, 79263 Simonswald, Tel. 07683 909257 oder 07683 255

Website: *simonswald.de/de/tourismus-freizeit/tourismus/sehenswertes/oelmuehle*

HINWEISE:

- Das Walnussöl in der schönen Flasche eignet sich als Geschenk oder Mitbringsel. Es ist mit Abstand das beste Walnussöl und verleiht jeder Salatsauce eine wunderbare Note.
- Jeden Donnerstag von Ostern bis Oktober wird an der Ölmühle Brot und im Wechsel Striebli oder Pizza gebacken.

40 Faller Miniaturwelten Gütenbach

FASZINATION MODELLBAU

Mitten im Sommer verschneite Schwarzwaldberge auskundschaften, historische Städte besuchen oder auf Bauernhöfen herumstreunen – in der Faller Miniaturwelten öffnet sich die fantastische Welt der kleinen Dinge.

Das Signal wechselt von Rot auf Grün. Die Dampflok setzt sich in Bewegung. Lok und Waggons schlängeln sich schneebedeckte Berge hinauf, überqueren Brücken und verschwinden schließlich in einem Tunnel. Alles wirkt so echt und lebendig – und so winzig, dass man sich wie ein Riese in einer Zwergenwelt vorkommt. An jeder Modellanlage eröffnen sich neue, spannende Welten. Ob ländliche Idylle oder städtisches Flair. Wie von magischer Hand bewegen sich die Züge durch liebevoll gestaltete, malerische Schwarzwaldlandschaften mit Bauernhöfen, Scheunen, Mühlen und Kühen.

Die Miniaturwelt begeistert nicht nur Eisenbahnfans

Diese Welt fesselt und fasziniert. Erbaut aus Tausenden Bausteinen mit lebensecht wirkenden Miniaturfiguren. Ist es die ungewohnte Perspektive, die dem Betrachter neue Einblicke vermittelt? Ist es die Technik, die die Züge bewegt, oder die Kreativität, mit der riesige Landschaften detailgetreu zum Leben erweckt werden? Was auch immer es ist – es löst Emotionen aus. Schauen, staunen, entdecken und träumen und sich verzaubern lassen von dieser einzigartigen Welt. Es ist ein Ausflug, eine Zeitreise durch unterschiedliche Epochen, die Junge wie Junggebliebene gleichermaßen fasziniert.

Die Firma Faller in Gütenbach entwickelt und produziert Modellbausätze und Zubehör für Modelleisenbahnen und den Modellbau. Den Grundstein legten die beiden Brüder Hermann und Edwin Faller 1946. Hermann Faller bastelte einen Bauernhof für seine Tochter, daraus entstand die Idee, Artikel zu produzieren, die das Basteln und Spielen zum Erlebnis machen und die Fantasie anregen.

Basteln regt die Fantasie an – und aus einer Idee entstand die Firma Faller

In der Faller Miniaturwelten sind auf über 300 Quadratmeter Ausstellungsfläche faszinierende Themenwelten und historische Spielwaren des Modellbauherstellers zu sehen. In der offenen Schauwerkstatt lassen sich die Modellbauprofis bei der Arbeit über die Schulter schauen. Historische Schautafeln und Exponate zeigen die Entstehung und Entwicklung des Unternehmens vom kleinen Betrieb bis zum Weltmarktführer auf.

Die Anlagen faszinieren mit ihren vielen Details

Info

Lage: Gütenbach liegt etwa 20 Kilometer östlich von Waldkirch.

Adresse: Faller Miniaturwelten Shop, Kreuzstraße 9, 78148 Gütenbach

Website: *faller.de*

HINWEIS: Das Gebäude ist nicht barrierefrei zugänglich. Mobilitätseingeschränkte Besucher werden um telefonische Anmeldung unter Tel. 07723 651114 gebeten.

Resonanz im
Rothauser Land

Schlüchtsee – Ein besonderes Naturjuwel

Resonanz im Rothauser Land

hluchsee
00
Faulenfürst
LUCHSEE
43
Rothaus
44
SCHLÜCHTSEE
42
41
Grafenhausen
Geroldshofstetten
500
SCHWARZASEE
Buggenried

41 Schwarzwaldhaus der Sinne Grafenhausen

LÖSE DAS RÄTSEL DER ZEIT

Im Schwarzwaldhaus der Sinne geht es auf eine spannende Entdeckungsreise durch die Welt der Sinne. Bei optischen Täuschungen, einer Dunkelbar, einem Indoor-Barfußpfad und dem Zeit- und Resonanzraum erleben wir unsere Sinne in einem völlig neuen Kontext.

Was ist eigentlich Zeit? Wie erleben wir Zeit? Weshalb vergeht Zeit mal schneller oder langsamer? Warum rinnt mir die Zeit durch die Finger, während andere scheinbar endlos viel Zeit besitzen? Wie beeinflusst das moderne Leben mein Zeitempfinden?

Professor Dr. Hartmut Rosa hat sich sehr viel Gedanken über dieses Thema gemacht. Er forscht in den Arbeitsgebieten Zeitdiagnose, Zeitsoziologie und Beschleunigungstheorie an der Universität Jena. Will heißen, er analysiert die soziale Beschleunigung der Zeit. Denn, obwohl wir heute so viele technische Mittel besitzen, die uns Zeit verschaffen sollen, haben wir das Gefühl, immer weniger Zeit zur Verfügung zu haben. Eigentlich völlig paradox. Hartmut Rosa ist Grafenhausener, seinem Heimatort eng verbunden und einer der Macher hinter dem Schwarzwaldhaus der Sinne.

Das Schwarzwaldhaus der Sinne macht Zeit erlebbar

Langeweile kommt hier nicht auf

Das Haus ist ein wenig wie ein Labyrinth aufgebaut. In den einzelnen Räumen finden wir Erlebnisstationen, die unser Zeit-Raum-Gefühl herausfordern. Im Zeit- und Resonanzraum nehmen wir Zeit und Resonanz bewusst wahr. Alle Erlebnisstationen sind kreativ gestaltet und wir sind eingeladen, uns auf eine Selbsterfahrungsreise zu begeben. Wie erleben wir das bewusste Vergehen der Zeit? Wo kommen wir unseren Zeitfressern auf die Spur? Im Resonanzraum entdecken wir, wie wir auf bestimmte Farben, Töne und Bilder reagieren und welche Ereignisse oder Tätigkeiten positive Emotionen auslösen. Im Zeit-und Resonanzraum hat Hartmut Rosa seine Forschungsergebnisse ganz praktisch in spielerischer-experimenteller Form veranschaulicht, das verblüffende Erkenntnisse verschafft.

An anderen Erlebnisstationen testen wir, ob das, was wir sehen, nur eine Illusion ist. Unsere Sinnesorgane sind gefragt, wenn es ums Fühlen, Schmecken und Tasten geht.

Das Schwarzwaldhaus bietet faszinierende Einblicke und Erkenntnisse. Kein Wunder, lautet doch das Motto „gugge, mache, wunderfitze"(Alemannisch für beobachten, machen, neugierig sein). Hinterher sind wir alle ein bisschen schlauer, was unsere Fragen zum Thema Zeit und Emotionen angeht. Ein Besuch im Schwarzwaldhaus der Sinne ist kostbar genutzte Zeit!

Erlebnisstationen vermitteln neue Einsichten

Info

Lage: Das Rothauser Land liegt etwa 45 Kilometer südöstlich von Freiburg im Breisgau.

Adresse: Schwarzwaldhaus der Sinne, Schulstraße 1, 79865 Grafenhausen, Tel. 07748 520 48,

Website: *schwarzwaldhausdersinne.de*

Einkehren:

- Café Wunderfitz: befindet sich im Haus und bietet neben Kaffee und Kuchen eine Auswahl an kleinen Speisen; Tel. 07748 52047

HINWEIS: Das Haus ist mit Ausnahme der dritten Etage barrierefrei zugänglich.

42 Schwarzwald im Underground-Style

BOLLENHÜTE UND TOTENKÖPFE BEI BLACKEST FOREST

Simon Stiegeler ist einer der besten und bekanntesten Holzschnitzer im Schwarzwald. Wenn er nicht mit dem Schnitzmesser werkelt, entwirft und gestaltet er gemeinsam mit seiner Frau Lilli mystische Motive für Shirts und Hoddies.

Hexen, Teufel und Dämonen. Die einen stieren diabolisch-bedrohlich, andere gucken spöttisch von oben herab. In Simon Stiegelers Atelier hängen die Wände voller Masken. Es sind Holzmasken, die ein wichtiger Bestandteil des Häs sind – so nennt man die Bekleidung der Narrenzünfte. Über 150 Gruppen im Südwesten tragen kunstvoll geschnitzte Holzmasken, die Simon Stiegeler gefertigt und von Lilli Stiegeler bemalt wurden. Ihre Masken wurden für kanadische Filmproduktionen bestellt und bei der Weltausstellung Expo in Shanghai gezeigt.

Simon und Lilli Stiegeler

Simon Stiegeler ist als Holzschnitzer in die Fußstapfen seiner Vorfahren getreten. Zusammen mit seiner Frau Lilli erschafft er Kunstwerke, die sich neben Masken auch in freien Arbeiten wie den filigran wirkenden Flügelwesen ausdrückt. Simon Stiegeler ist einer der Köpfe hinter dem Schwarzwaldhaus der Sinne, wo er die Erlebnisstationen gestaltete. Auch der Skulpturenpark ist auf seine Initiative hin entstanden.

Schwarzwald gegen den Strich gebürstet

Mit der Bekleidung hat alles vor über zehn Jahren angefangen, mit einem T-Shirt, das den klassischen Bollenhut zeigte – darunter zwei gekreuzte Knochen. Das „Skull-Logo" wurde

Simon Stiegeler nimmt sich viel Zeit für seine Entwürfe

der Renner. „Blackest Forest" war geboren. Es war die Zeit, als sich der Schwarzwald von seinem altbackenen Image befreite. Und genau das wollten die beiden mit ihren schrägen schwarzen und skurrilen Motiven zeigen. „Wir wollen keine Souvenir-Artikel vertreiben, sondern einen Lebensstil transportieren." Die traditionellen Motive wie Hirsch, Bollenhut oder Tannenwälder gestalten sie mit ihren ganz eigenen Interpretationen, für die Simon Stiegeler oft Hunderte von Skizzen anfertigt, bis ein finales Motiv steht.

Schwarzwaldzwerg Schorsch hat mit Klärle eine Gefährtin bekommen

Die Shirts und Hoodies werden in ihrem Atelier bedruckt und mit Logo-Aufnäher veredelt. Neben ihrem Holzschnitzer-Atelier befindet sich der „Blackest-Forest"-Laden, in dem es eine große Auswahl an Shirts, Hoodies, Taschen, Speckbretter, besondere Souvenirs, Liköre und sogar einen eigenen Blackest-Forest Gin, Trinkflaschen und Holzschnitzarbeiten zu kaufen gibt. Vor zwei Jahren gesellte sich der Schwarzwaldzwerg Schorsch dazu. Den Prototyp schnitzte Simon Stiegeler aus Holz, inzwischen ist er aus bruchfestem PVC-Kunststoff hergestellt und kommt, von Lilli Stiegeler handbemalt, auf den Ladentisch.

2023 initiierten die beiden einen großen Schwarzwaldmarkt im Schwarzwaldhaus der Sinne mit lokalen Künstlern und

Erzeugern, der auf großes Interesse stieß. Der Schwarzwald lebt – und bei Blackest-Forest darf er immer ein bisschen schwärzer als schwarz sein.

Blick ins Ladengeschäft

Info

Lage: Grafenhausen liegt etwa 45 Kilometer südöstlich von Freiburg im Breisgau.

Adresse: Blackest Forest,
Simon und Lilli Stiegeler, Kirchsteig 5,
79865 Grafenhausen

Website: *blackest-forest.de*

43 Rothaus Brauerei

DIE MIT DEM TANNENZÄPFLE

Das ursprüngliche Tannenzäpfle gibt es mittlerweile in so vielen Variationen, dass man – bisher vergebens – nach einer App sucht, um sich einen geschmacklichen Überblick zu verschaffen. Jüngster Spross: Das Natur Radler Zitrone 0,0 %, das meiner Meinung nach seinem Namen alle Ehre macht: Zero Komma Zero Geschmack. Sorry Rothaus. Da greif ich lieber zum Radlerzäpfle naturtrüb.

Auf 1000 Meter Höhe ist aus der Staatsbrauerei Rothaus eine riesige Erlebniswelt entstanden mit Merchandise-Shop, Genusswelt-Restaurant, Hotel, Grill-Festivals und Brauerei-Ausstellung.

Die Speisekarte vom Hotel-Gasthaus Rothaus listet neben den Biersorten (nebst Bestimmung von Herbe, Frucht, Malznote und Geschmack) hausgemachten Hopfeneistee, Schwarzwald Tapas, Vesperspezialitäten, Wildkräutersalat, Wurstsalat, Käserahmspätzle auch ein veganes Perldinkel-Risotto, Biergulasch und viele andere badische und regionale Fleisch-Gerichte.

Wer seine Grillkunst verfeinern möchte, kann sich unter Anleitung von Grillguru Tom Heinzle quer durch den Rost bei Seminaren wie „Steak trifft Bier“, „Wald trifft Wiese“ oder „Rothaus mediterran“ grillieren, sofern noch ein Platz ergattert wurde. Die Seminare sind schnell ausgebucht.

Tannenzäpfle

Neben der traditionellen Brauereibesichtigung zeigt der „Zapfen mit Biergit"-Kurs, wie das professionelle Zapfen an der Zapfanlage funktioniert. Und wer, bitteschön, ist Biergit? Der Name entstand wohl einer bierseligen Laune. „Bier git Kraft" - Alemannisch für „Bier gibt Kraft" – und geboren war Biergit Kraft, das lächelnde Schwarzwald-Maidli mit den beiden Bieren in der Hand, das seit über 50 Jahren die Rothaus-Flaschen ziert.

Eine Führung, die die Erlebniswelt Rothaus aus einer nicht alltäglichen Perspektive zeigt, ist die Nachhaltigkeitsbesichtigung, bei der die Themen Umwelt und Nachhaltigkeit im Vordergrund stehen. Sie gibt Einblick in die brauereieigene, biologische Kläranlage, die Hackschnitzelanlage und die Solarthermie, die den in der Region erzeugten Ökostrom nutzt.

Info

Lage: Rothaus liegt etwa drei Kilometer nördlich von Grafenhausen.

Adresse: Badische Staatsbrauerei Rothaus AG, Rothaus 1, 79865 Grafenhausen-Rothaus

Website: *rothaus.de*

Aktivitäten:

- Brauereibesichtigungen, inklusive ein Rothaus Bier oder alkoholfreies Getränk und Brezel
- Nachhaltigkeitsführung, inklusive Getränk und Brezel

Einkehren/Unterkunft:

- Brauereigasthof: bitte Tisch unter *info@rothaus-genusswelt.de* reservieren. Im Gasthof kann man auch übernachten, allerdings nur am Wochenende.

44 Outdoor-Resonanz

AM SCHLÜCHTSEE

Einatmen, ausatmen. Eintauchen in die heilsame Natur auf der Hochebene, die von den tief eingeschnittenen Tälern von Schwarza, Mettma, Schlücht und Steina umgeben ist. Mittendrin liegt der Schlüchtsee. Ein besonderer Ort der Erdung und Entspannung.

In der Nähe der mächtigen Danieltanne, auf über 940 Metern, entspringen die Quellen von Tiefmatt und Glasmatt. Sie bilden die Schlücht, die sich nach nur wenigen Hundert Metern zum idyllischen Schlüchtsee staut. Der See liegt in einem Naturschutzgebiet zwischen Rothaus und Grafenhausen. Vermutlich entstand er als Eisweiher für die Brauerei bei der Gaststätte „Zum Rothen Haus", die 1791 vom Benediktinerkloster St. Blasien gegründet wurde.

Neben dem See wurde eine Textilfärberei bis in die 1920er-Jahre hinein betrieben. Das Seewasser benutzte man zum Färben, auf den Wiesen wurden die Stoffe gebleicht. Später entdeckten Naturfreunde den im Wald gelegenen See und errichteten ein Badehaus aus Holz.

Der Schlüchtsee gelangte zu dieser Zeit in den Besitz der Schweizer Familie von Adelsheim von Ernest, die sich für den Naturschutz, insbesondere für die Gelbe Teichrose, einsetzte. Seit 1940

Waldbaden auf dem Wäldersinn-Erlebnispfad

Auf dem Wäldersinn-Erlebnispfad

steht der See unter Naturschutz, etwa ein Drittel des 260 Meter langen und 230 Meter breiten Sees ist deshalb für den Badebetrieb gesperrt, Boote und Hunde sind nicht erlaubt.

Am Ufer befindet sich eine Liegewiese mit flachem Strand, etwas oberhalb gibt es Umkleidekabinen, sanitäre Einrichtungen und ein Kiosk mit Sonnenterrasse.

Der Schlüchtsee entfaltet zu jeder Jahreszeit seine stille Kraft. Entlang des Ufers gibt es Plätze zum Verweilen, Innehalten und Genießen dieses wunderbaren Naturschutzgebietes.

Info

Lage: Der Schlüchtsee liegt etwa zwei Kilometer nördlich von Grafenhausen. Von Grafenhausen aus ist der Schlüchtsee zu Fuß über den Promenadenweg in einer guten halben Stunde zu erreichen. Von Rothaus aus über den Schlühüwanapark in etwa 20 Minuten.

Website: *schluechtsee.de*

Aktivitäten:

- Schlühüwanapark: Der 2,6 Kilometer lange Naturerlebnispfad führt an Skulpturen und Stationen vorbei, die aus den Wurzeln und Baumresten des Orkans Lothar gefertigt wurden; Start/Ziel: Touristinformation Grafenhausen, Hüsli 1A, 79865 Grafenhausen

- Heimatmuseum Hüsli: 1911 von der Berliner Opernsängerin Helene Siegfried als Sommerresidenz erbaut, wurde das Hüsli als Wohnhaus von Professor Dr. Brinkmann in der Serie „Schwarzwaldklinik" weltweit bekannt. Siegfried sammelte Einrichtungsgegenstände und Bauteile alter Schwarzwälder Bauernhöfe, Uhren, Gemälde, Glas- und Schnitzkunstwerke. Das Hüsli mit seinen bemalten Decken, Kachelöfen und gemütlich eingerichteten Stuben ist ein von ihr erschaffenes Kunstwerk, das profaner und sakraler Kunst sowie Alltagsgegenständen einen würdigen Rahmen gibt. Alles ist noch so belassen, als ob Helene Siegfried, die bis zu ihrem Tod (mit 100 Jahren) hier wohnte, im nächsten Augenblick ihr Hüsli beträte. Das Hüsli lädt ein zum Nachdenken über den Gang der Geschichte; Am Hüsli 1, 79865 Grafenhausen, Tel. 07748 212, *landkreis-waldshut.de/kultur-und-tourismus/kultur/kreismuseen/heimatmuseum-huesli*
- Wäldersinn-Erlebnispfad: Rundwanderung mit sieben Erlebnisstationen, um den Wald bewusst zu erleben; Start/Ziel: Touristinformation Grafenhausen, Hüsli 1A, 79865 Grafenhausen, Länge: knapp neun Kilometer, Aufstieg: 120 Höhenmeter, Dauer: rund 2,5 Stunden
- Rappenfelsensteig: Der Genießerpfad verläuft durch tiefsten Schwarzwälder Urwald, zu Gämsenhalden und zahlreichen Aussichtspunkten. Für den Pfad braucht es Trittsicherheit und Schwindelfreiheit, Start/Ziel: Herz-Jesu-Kapelle, Johann-Anton-Morath-Weg, 79865 Grafenhausen-Staufen; Länge: zwölf Kilometer, Auf- und Abstieg: 407 Höhenmeter, Dauer rund 4,5 Stunden

Einkehren:

- Schwarzwaldgasthof Hotel Tannenmühle: Hier gibt es Forellen aus eigener Zucht. Die Küche wurde für ihre Forellenspezialitäten mehrfach ausgezeichnet. Unbedingt Tisch reservieren!, Tannenmühleweg 5, 79865 Grafenhausen, Tel. 07748 215, *tannenmuehle.de*

Der Süden des Südschwarzwalds

Krai-Woog-Gumpen: einer der geheimnisvollsten Plätze im Südschwarzwald

Der Süden des Südschwarzwalds

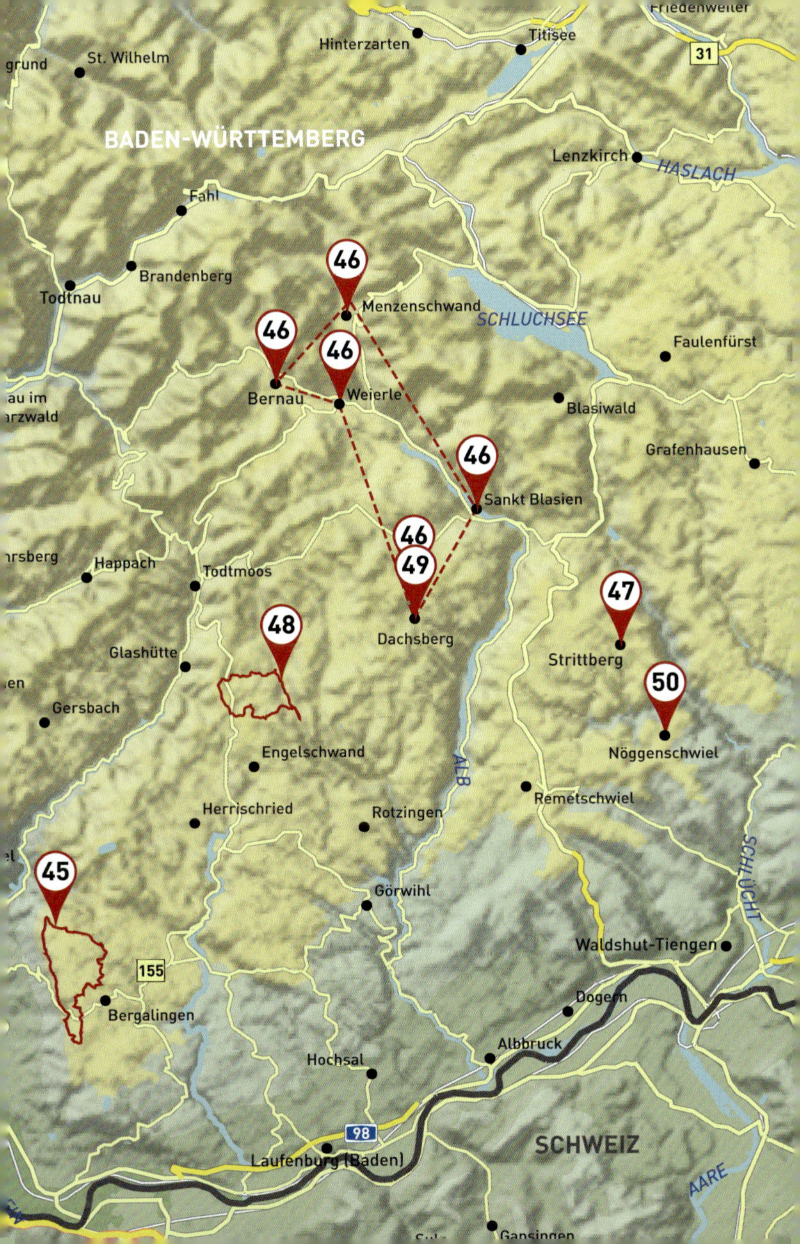
St. Wilhelm
Hinterzarten
Titisee
31
BADEN-WÜRTTEMBERG
Lenzkirch
HASLACH
Fahl
46
Brandenberg
Todtnau
Menzenschwand
SCHLUCHSEE
46
46
Faulenfürst
Bernau
Weierle
Blasiwald
46
Grafenhausen
Sankt Blasien
46
49
Happach
Todtmoos
48
47
Dachsberg
Strittberg
Glashütte
50
Gersbach
Engelschwand
Nöggenschwiel
ALB
Remetschwiel
Herrischried
Rotzingen
SCHLÜCHT
45
Görwihl
Waldshut-Tiengen
155
Dogern
Bergalingen
Albbruck
Hochsal
98
SCHWEIZ
Laufenburg (Baden)
AARE

45 Wuhre, Wälder Wiesen

WANDERN AUF DEM HOTZENPFAD

Naturliebhaber erleben im Hotzenwald eine mystische Landschaft mit Schluchten, magischen Felsen und sonnenverwöhnten Hochebenen. Der Hotzenpfad führt auf wildromantischen Pfaden zu den wichtigen Naturdenkmälern im Hotzenwald und eröffnet fantastische Weitsichten.

Obwohl mich nur wenige Täler und Höhen vom Hotzenwald trennen, ist es jedes Mal ein Eintauchen in eine andere Welt. Der Hotzenwald unterscheidet sich wesentlich vom restlichen Südschwarzwald. Die auf rund 1000 Meter Höhe liegende Hochfläche des Hotzenwaldes fällt im Westen rund 500 Meter steil zum Wehratal ab, im Osten wird sie durch die engen Felsschluchten von Schwarza und Schlücht begrenzt. Die Landschaft ist von Waldflächen, Hügeln, engen Bachtälern und noch tieferen Flusstälern geprägt. Von den Höhen öffnen sich herrliche Blicke auf die wellige Hochfläche mit Wiesen, Weiden und Wäldern, dahinter bilden die Schweizer Alpen ein prächtiges Panorama. Die Flüsse Murg, Wehra, Alb, Schwarza und Schlücht haben tiefe Furchen in die Landschaft gegraben und wildromantische Schluchten geschaffen. Dieses Mosaik aus wilder Naturkraft und sanfter Idylle macht den stillen Hotzenwald so besonders.

Rastplatz mit Weitsicht

Auf dem Hotzenpfad erleben Naturliebhaber die kraftvolle Energie der Wälder und des Wassers hautnah. Gleich zu Beginn passieren wir den magischen Solfelsen, der wie ein Riese mit winzigen Beinen am Wegesrand wacht und kreative Fotomotive bietet. Auf dem Pirschweg gelangen wir zur „Schanz“, einer his-

Die Wuhre sind einmalig im Südschwarzwald

torischen Wallmauer, Überreste einer Befestigungsanlage. Auf den freien Flächen des Heubergs erreichen wir die Fliegerklause am Segelflugplatz, dort erwarten uns Einkehr und Alpensicht.

Später wandern wir zum Heidenwuhr. Die Wuhre sind Kilometer lange Wasserkanäle, die im 11. oder 12. Jahrhundert angelegt wurden, um die Wasserräder im Tal zu betreiben und Wiesen zu bewirtschaften. Der Salpeterer Gedenkstein erinnert an die Bauernaufstände, die sich hier im 18. und 19. Jahrhundert ereigneten. Der weitere Streifzug hält immer wieder überraschende Aussichten und Ruheplätze parat, bevor die Wanderung am Startpunkt endet.

Der Wanderweg führt direkt am Wuhr entlang

Info

Lage: Der Hotzenpfad befindet sich zwischen Wehr und Rickbach, etwa 60 Kilometer südlich von Freiburg im Breisgau.

Wanderung:

- Start/Ziel: Wanderparkplatz Solfelsen an der L155 zwischen Bergalingen und Wehr, Länge: 13 Kilometer, 220 Höhenmeter Auf- und Abstieg, Dauer: rund vier Stunden, Schwierigkeit: mittel, GPS Daten: *ich-geh-wandern.de/hotzenpfad-schwarzwald*

Website: *hotzenwald-schwarzwald.de*

HINWEIS: Der Hotzenpfad ist als Schwarzwälder Genießerpfad und Premiumwanderweg ausgeschildert.

Einkehren:

- Fliegerklause Segelflugplatz Hütten: Rüttehof 3, 79736 Rickenbach, *fliegerklausehütten.de*

46 In freier Natur

ZELTEN IM TREKKING-CAMP

Mitten in der Natur im Zelt übernachten, morgens zum Gesang der Vögel aufwachen, am Lagerfeuer kochen und Wasser aus einer Quelle schöpfen. In den Trekking-Camps dürfen Wanderer im Schwarzwald zelten – und das ganz legal.

Wer schon immer mal davon geträumt hat, mitten im Wald in freier Natur zu übernachten, der kann in einem der Trekking-Camps sein Lager für die Nacht aufschlagen und den Schwarzwald hautnah erleben.

Beim Zelten erlebt man den Schwarzwald hautnah

Das Trekking-Camp Felsenhalde liegt südlich von Dachsberg-Urberg an einem Waldrand. Neben den Zeltplätzen befindet sich eine kleine Schutzhütte, ein Lagerfeuerplatz und eine Komposttoilette. Etwas abseits kann Quellwasser geschöpft werden.

So schön kann ein WC sein

Da die verfügbaren Plätze limitiert sind, müssen die Trekking-Camps zuvor über eine Webseite gebucht werden. Erst nach der Buchung erhalten Wanderer die GPS-Daten und finden anhand der Koordinaten den Weg zu den versteckt gelegenen Zeltplätzen. Stand Sommer 2023 existieren acht Trekking-Camps im Südschwarzwald und es kommen jährlich weitere hinzu.

Wer ein echtes „Black-Forest"-Trekking-Abenteuer erleben möchte, packt seinen Rucksack und macht sich auf eine mehrtägige Tour durch den südlichen Schwarzwald. Für die erste Übernachtung wird das Zelt im Camp Felsenhalde aufgeschlagen. Das zweite Trekking-Camp mit Namen Windberg liegt nördlich vom Windbergwasserfall bei St. Blasien. Die dritte Übernachtung erfolgt im Camp Steinbruch, das sich in der Nähe des Schleifbachs bei Menzenschwand befindet.

Da die Camps speziell für Trekking-Touren angelegt wurden, ist nur eine Übernachtung am jeweiligen Platz möglich.

Jedes Camp verfügt über Quellwasser

Info

Website: *trekking-schwarzwald.de*.
Die Trekking-Camps müssen vorab gebucht werden. Das Buchungsportal auf der Webseite zeigt an, welche Plätze verfügbar sind, sodass man sich eine Tour zusammenstellen kann.

Vier-Tage-Trekking-Tour:

- Start/Ziel: Bernau-Weierle, Wanderparkplatz Ankenbühl
- Etappe Bernau-Dachsberg 16 Kilometer, Übernachtung Camp Felsenhalde
- 2. Etappe Dachsberg-St. Blasien, zehn Kilometer, Übernachtung Camp Windberg
- 3. Etappe St. Blasien-Menzenschwand, zehn Kilometer, Übernachtung Camp Steinbruch
- 4. Etappe Menzenschwand-Bernau, 14 Kilometer
- Gesamtstrecke: rund 50 Kilometer, 1373 Höhenmeter Auf- und Abstieg
- *schwarzwald-tourismus.info/touren/trekking-im-wanderkreuz-des-suedens-von-camp-zu-camp-in-4-tagen-cb8af296e0*

47 Höchenschwand-Strittberg

AUF DEN SPUREN DER WÖLFE

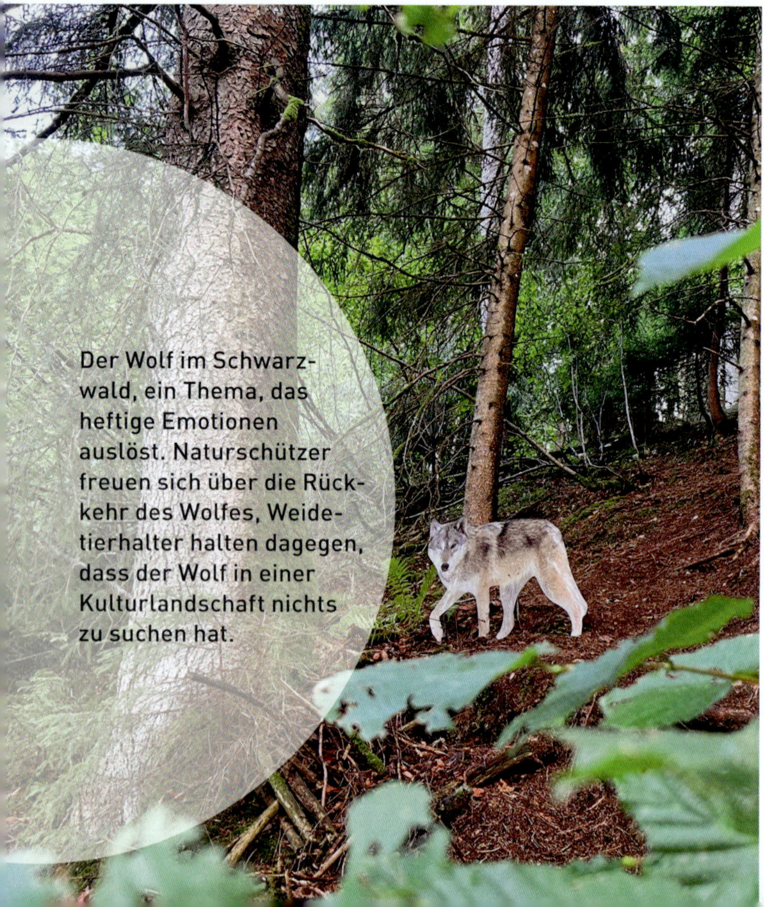

Der Wolf im Schwarzwald, ein Thema, das heftige Emotionen auslöst. Naturschützer freuen sich über die Rückkehr des Wolfes, Weidetierhalter halten dagegen, dass der Wolf in einer Kulturlandschaft nichts zu suchen hat.

Wölfe im Schwarzwald? Vergangenheit? Oder auch Zukunft? Ein Flyer vom Projekt Wolfswege aus dem Jahr 2017 stellt fest, dass es nur eine Frage der Zeit ist, bis auch hier die Wölfe wieder heimisch werden. Sechs Jahre später ist nicht nur der Wolf zurück, sondern er hat eine große Diskussion entfacht, bei der die Emotionen hochkochen. Zwei Wölfe gelten im Südschwarzwald als resident (sesshaft), im Januar 2023 wurde dann erstmals eine Fähe (weiblicher Wolf) nachgewiesen.

Wölfe sind keine Einzelgänger, sondern leben in einem Familienverbund, einem Rudel. Dies besteht in der Regel aus den Elterntieren und den nachfolgenden zwei Generationen. Die Jungwölfe verlassen das Rudel, wenn sie ein oder zwei Jahre alt sind. Mitte Juni 2023 konnte im Südschwarzwald erstmals anhand einer Wildtierkamera ein Wolfswelpe nachgewiesen werden.

Der Weg ist mit dem Wolfspfad-Logo beschildert

Wölfe sind Fleischfresser, fressen aber auch Obst und Aas. Hauptsächlich ernähren sie sich von Reh, Gams, Wildschwein, Hase, Hirsch. Überwiegend erbeuten sie alte, sehr junge oder auch kranke Tiere, die sie schneller erlegen können. Der Wolf besitzt die erstaunliche Fähigkeit, kranke Tiere zu riechen. Allerdings ist es im Schwarzwald auch zu Angriffen auf Nutz- und Weidetiere gekommen.

Auf dem Wolfspfad befinden sich Stationen, die über das Leben von Wölfen aufklären. Außer auf die Herkunft von

Wölfen, auf ihre Sozialstruktur oder auf die Frage, wie Wölfe miteinander kommunizieren, wird auch auf die Rolle des Wolfes im Märchen eingegangen.

Der Wolf ist zurück – auf dem Wolfspfad ist er aus Holz

Der Wolfspfad startet am Dumrigparkplatz und verläuft zunächst in nördlicher Richtung auf einem Forstweg. Anhand des Maskottchens Lupus erwandern wir die einzelnen Stationen, bei dem auch interaktive Mitmachpunkte geboten werden wie die Sprintstation, an der getestet wird, wie schnell man rennen kann. An der Wolfshütte befindet sich ein schöner Rastplatz mit Aussicht zu den Schweizer Alpen.

Neben dem Wolfspfad, der spielerisch Infos zum Wolf aufzeigt, existiert auch der 22 Kilometer lange Wolfssteig, der vom Wildgehege Waldshut bis Höchenschwand verläuft und einen möglichen Weg von wieder einwandernden Wölfen aus der Schweiz symbolisiert.

Info

Lage: Strittberg liegt etwa drei Kilometer südöstlich von Höchenschwand, das knapp 50 Kilometer südöstlich von Freiburg liegt.

Ausgangspunkt: Waldparkplatz Dumrig bei Strittberg

Website: *ferienwelt-suedschwarzwald.de/attraktionen/wolfspfad-64b6bb6f72*

Aktivitäten:

- Wolfspfad: Start/Ziel Waldparkplatz Dumrig bei Strittberg, Länge: vier Kilometer, 88 Höhenmeter Auf- und Abstieg, Dauer: rund zwei Stunden; Schwierigkeit: leicht. Der Wolfspfad ist durchgehend ausgeschildert. Infos zum Weg erteilt die Tourist-Information Höchenschwand, *ferienwelt-suedschwarzwald.de*

HINWEIS: Am Beginn des Weges steht ein Kugelautomat, aus dem man sich eine Kugel für die einzelnen Stationen herauslassen kann. Hierfür benötigt Ihr ein 50 Cent-Stück. Die Kugeln sind für den Erlebniswert der Stationen sehr wichtig, daher wird ein Kauf empfohlen.

48 Schwarzenbächletal

KRAI-WOOG-GUMPEN

Ein geheimnisvoller Gumpen, hinter dessen Namen man eine keltische Gottheit vermutet, entpuppt sich als magischer Ort mit archaischer Kraft.

Es verwundert nicht, dass der Schwarzwald eine unerklärliche Anziehungskraft auf uns ausübt. Über der einzigartigen Landschaft mit ihren dichten Wäldern, den weiten Tälern und undurchdringlichen Schluchten scheint ein geheimnisvoller Zauber zu liegen. Ich glaube, dass es die Geschichten und Sagen sind, die dem Schwarzwald diese Mystik verleihen und ihn so besonders machen. Denn ein Ort ohne Geschichte ist ein toter Ort. Wie gut, dass man im Südschwarzwald überall auf sagenhafte Orte stößt, die voller Geschichten stecken. Dabei handelt es sich oft um Plätze, an denen sich die Natur in archaischer Kraft entlädt. Sie haben die Fantasie der früheren Bewohner beflügelt oder sie in Angst und Schrecken versetzt. An vielen Quellen, Felsen oder Berggipfeln befanden sich Heiligtümer, an denen Gottheiten verehrt wurden.

Heute laden uns diese Orte ein, an ihnen zu verweilen und Teil ihrer Geschichte zu werden. Wir spüren die Kräfte der Natur auf eindrucksvolle Weise. Es sind Sehnsuchtsorte, an denen wir den Pulsschlag der Natur spüren. Wenn wir uns die Zeit nehmen, um dort zu rasten, spüren wir, die die Natur auf uns wirkt. Für die

Mit dem E-Bike durch das Schwarzenbächletal

einen mag es beruhigend sein, für die anderen belebend. Eines aber ist sicher: Die Natur gibt uns genau das, was wir in diesem Augenblick benötigen.

Einer dieser Orte ist der Krai-Woog-Gumpen im Schwarzenbächletal bei Dachsberg. Dieses Naturdenkmal ist einer der geheimnisvollsten Plätze im Hotzenwald. Der Name stammt aus dem Alemannischen und bedeutet: „laut rauschender Wasserfall, der in ein Becken springt".

Auf dem Sieben-Moore-Weg

Wer die besondere Stimmung im Schwarzenbächletal erleben möchte, sollte sich unbedingt auf den Sieben-Moore-Weg begeben, der auch zum Krai-Woog-Gumpen führt. Die Wanderung verläuft teilweise auf Holzstegen durch eine urzeitlich geprägte Landschaft, in der sich nach dem Abschmelzen der Gletscher Hangmoore bildeten. Auf knapp 1000 Höhenmeter finden wir noch heute seltene Tier- und Pflanzenarten vor. Von der „Schwarzen Säge" aus gelangt man auf einem kleinen Abstecher (etwa ein Kilometer) zum Krai-Woog-Gumpen.

Krai-Woog-Gumpen

Info

Lage: Das Schwarzenbächletal liegt bei Dachsberg, etwa zehn Kilometer westlich von Höchenschwand.

Ausgangspunkt: Wanderparkplatz Steinernes Kreuz, 79737 Herrischried

Aktivitäten:

- Sieben-Moore-Weg: Start/Ziel: Wanderparkplatz Steinernes Kreuz, Länge: neun Kilometer, rund 210 Höhenmeter Auf- und Abstieg, Dauer: etwa drei Stunden, Schwierigkeit: leicht, *hotzenwald.de/hotzenwald-online-16.php?DOC_INST=99*, GPS Daten: *alltrails.com/de/route/germany/baden-wurttemberg/sieben-moore-weg-im-hotzenwald--2*

49 Moonshiner vom Albtal

WEISSER WHISKY IN OBERKUTTERAU

Oberkutterau liegt versteckt im Albtal, irgendwo zwischen Dachsberg und Häusern. Ein wenig sieht es dort aus wie in der Heimat von Kevin, der ursprünglich aus den Appalachian Mountains in Georgia, USA, stammt. Nach Reise- und Wanderjahren hat er im Schwarzwald nicht nur die Liebe, sondern gemeinsam mit seiner deutschen Frau Martina eine neue Heimat gefunden. Das Brennen liegt ihm im Blut, stammt er doch aus einer Familie, in der das Brennen Tradition hat – und bis vor wenigen Jahren noch immer illegal war.

Kevin Smiths Vorfahren brannten ihren Whisky im Mondschein, tief in den Wäldern der Appalachian Mountains. Es waren Moonshiner oder Bootlegger, so nannte man die Schwarzbrenner. Heute brennt Kevin seinen weißen Whisky im Albtal – und das völlig legal.

Und dann war da dieses Haus mit der alten Scheune. Am Waldrand, zwischen der rauschenden Alb und einem Felsen, den sie „Badger“, auf deutsch Dachs, nannten. Und ein alter Kupferkessel. „Manchmal liegt im Nirgendwo der beste Platz, wo etwas wirklich Fantastisches entsteht“, sagt Kevin.

Gebrannt wird traditionell nach altem Familienrezept, das Kevin streng hütet. Als Moonshine wird illegal gebrannter Whisky bezeich-

Kevin Smith brennt fürs Brennen

net, der über einen hohen Alkoholgehalt verfügt und direkt in Flaschen abgefüllt und nicht in Fässern gelagert wird. Das setzt gute Zutaten und Brennkenntnis voraus, will man einen guten Whisky erzeugen, der nicht über Jahre in Fässern gelagert wird. Natürlich besitzen Kevin und Martina alle Konzessionen. „Ich bin der erste in fünf Generation, der legal brennt“, lacht Kevin. „Badger Mountain Moonshine Company“ heißt ihre kleine, aber feine Destillerie. Der weiße Whisky wird auf Maisbasis und Roggen hergestellt mit Zutaten lokaler Erzeuger. Sein „Rocket Fuel Moonshine“ bringt das Aroma des wilden, ursprünglichen Albtals mit mutigem Geschmack ins Glas.

Geht ab wie eine Rakete

Wer den weißen Whisky aus dem Albtal probieren möchte, kann ein Tasting oder eine American Style Barbecue Party buchen, bei der rund ums Lagerfeuer gegrillt, geräuchert und gebraten wird.

Lage: Dachsberg liegt etwa zehn Kilometer westlich von Höchenschwand.

Adresse: Badger Mountain Moonshine Company, Oberkutterau 6, 79875 Dachsberg

Website: *Bmmc79.com*

Info

50 Rosendorf Nöggenschwiel

DIESES LEUCHTEN, DIESER DUFT

Es gibt Orte, die der Seele gut tun. Das kleine Nöggenschwiel in der Nähe von Weilheim gehört dazu. Hier blühen etwa 20.000 Rosen in den unterschiedlichsten Sorten. Im Frühsommer erleben Besucher ein blühendes Wunder.

Es ist noch früh, die Morgensonne wirft sanfte Lichtstrahlen auf den Ort, der idyllisch auf einer Hochfläche zwischen Sankt Blasien und Waldshut-Tiengen liegt. Nöggenschwiel sieht aus wie ein Dorf aus einem Rosamunde-Pilcher-Film. Alles wirkt ordentlich und aufgeräumt, die Häuser und Vorgärten sind wie aus dem Ei gepellt. Und dieses Leuchten! Die Farben wechseln von kräftigen Tönen wie Rot, Lila und Gelb zu weichem Pastell. Rosen, wohin das Auge blickt.

Über 20.000 Rosen blühen in Nöggenschwiel

Es liegt ein Zauber auf diesem Dorf. Selbst weniger romantisch veranlagte Besucher spüren, dass dieser Ort etwas Verträumtes besitzt, das weit über die Rosen hinausgeht. Da fährt ein alter rot lackierter Porsche-Diesel-Traktor durch die Straße, der Fahrer mit Strohhut und blauer Latzhose grüßt freundlich und augenblicklich fühlt man sich in längst vergangene Jahre versetzt. Dem Besucher erscheint Nöggenschwiel ein bisschen wie aus der Zeit gefallen.

Und da sind die Rosen. Überall. In jedem Vorgarten, an jeder Ecke, in jedem Winkel. Mehr als 16.000 Rosenstöcke in den unterschiedlichsten Arten sind in dem kleinen Örtchen zu sehen. Ein ganzes Dorf als Rosenpark, das ist einmalig im Schwarzwald. Nöggenschwiel liegt auf 750 Metern, in Deutschland gilt es als das höchstgelegene Rosendorf.

Rosen, wohin das Auge blickt

Ein Anziehungspunkt ist für viele der Schwarzwald-Rosen-Sortimentsgarten. Dort blühen 2000 Rosen in 187 Sorten, allesamt sorgsam beschriftet, damit der Besucher auch weiß, was er da bestaunt. Ein echtes Fest fürs Auge – von Zwergrosen über Strauchrosen, Edelrosen, Kletterrosen und Wildrosen bis hin zu Beetrosen reicht die Vielfalt, die ein fantasievolles Potpourri bildet.

Im Rosen-Sortimentsgarten blühen über 180 Sorten

Ein herrliches Ensemble bilden die Pfarrkirche St. Stephanus, der kleine Rathausplatz und der Rosen-Duft-Garten. Ein Ort zum Verweilen. Gibt es im Duftgarten doch mehr als 500 duftende Beet-, Kletter-, Strauch- und Hochstamm-Rosen zu erschnuppern, darunter sogar einige historische Züchtungen, die bis ins 15. Jahrhundert zurückreichen.

Gaststube der Gret-Stub

Wer sich vom vielen Schauen und Riechen eine kleine Pause gönnen möchte, findet in der Gret-Stube im Dorfzentrum den idealen Platz. Der stattliche Hof beherbergt ein Café mit Vesperstube, Ferienwohnungen, Gästezimmer, einen Wohnmobilstellplatz sowie Räumlichkeiten für Sauna und Massage. Im Garten finden sich lauschige Plätzchen, der große Schuppen ist eine Augenweide. Überhaupt fallen die vielen liebevollen Details ins Auge. Kein Tand oder Schrott, hier atmet jedes noch so kleine Teil eine eigene Geschichte, die sich zu einem großen Ganzen fügt.

Erfrischt nach der Pause in der Gret-Stube geht es auf einen kleinen Spazierwanderung zum Hohfluhfelsen, von dessen Plattform aus sich ein herrlicher Blick ins Schwarzatal bietet.

Info

Lage: Nöggenschwiel liegt etwa acht Kilometer südöstlich von Höchenschwang.

Info: Tourist Info Roseneck, Josef-Raff-Platz, 79809 Weilheim-Nöggenschwiel

Website: *rosendorf.de*

Einkehren:

- Gret-Stube, Fohrenbachstraße 5, 79809 Weilheim-Nöggenschwiel, *gret-stube.de*

HINWEIS: Jedes Jahr im Juli finden die Rosentage statt. Rund um die Rosen gibt es einen großen Markt, musikalischer Sommerabend und einen Festzug durch das Rosendorf.

Das kleine
Wörterbuch

Nebelmeer

So schwätzt mr bi uns

Numme und neume, öbber und öbis, eineweg und allweg
Im Schwarzwald wird Alemannisch gesprochen. Wobei, Alemannisch wird nicht gesprochen. Alemannisch wird geschwätzt. Gibt es was Wichtiges, dann „het er gredt". Aber Alemannisch ist nicht gleich Alemannisch. Der Dialekt ändert sich regional und klingt immer wieder anders. So ist eine Kartoffel mal ein Herdöpfel, mal eine Boddebirre oder mal eine Grumbiiere. Eine Kirsche wird als Chriäsi, Chirsi oder Kriäse bezeichnet. Feldsalat wird als Lämmli oder Nüsslisalat aufgetischt.

A

Abekeit – Heruntergefallen
Adje – Auf Wiedersehen
Anke – Butter
Ankeschnitte – Butterbrot

B

Bodesurri – Kleiner Mensch

C

Chasch mi gern ha – Du kannst mich mal
Chlütter – Kleingeld
Chnuuferi – Jemand, der unordentlich ist
Chratzete – Zerrissener Pfannkuchen (isst man am liebsten zu Spargel)
Chuchischänschderli – Küchenschrank

D

D Bachstube – Bäckerei
De Beck – Bäcker
De Foti – Fotoapparat
De Gof – Kind
Des goht mr an d'Chuddle – Das schlägt mir auf den Magen
Do chönnscht uf dr Sau davo – Das regt mich auf
Do hesch dr Brägel – Da hast Du den Salat
Do het's mr doch grad dr Nuggi usedätscht – Da war ich sprachlos
Dubel – Depp

E

E Gutsch – Eine kleine Menge Flüssigkeit
E Viertele – Viertel Liter Wein

G

Gluschtig – Lust haben
Großgosche oder Schwätzer – Jemand, der dummes Zeug redet
Guetseli – Marmelade
Guetselischnitte – Marmeladenbrot
Gugge – Tüte
Günne – Ernten

H

Hesch's gschnallt – Hast Du es kapiert?
Hoseschisser – Angsthase

L

Läng mr emol d'Anke – Reich mir mal die Butter
Lumbeseggel – Hallodri

M

Mach kei Fisimatente – Keine Dummheiten machen
Mit dem chasch nit gued gschirre – Mit dem kommt man nicht gut aus

N

Numme nid huddle – Mach lieber langsam

O

Obacht – Vorsicht

R

Ringeligängeli – Schlangenlinien
Rotzlumpe – Taschentuch

S

S Foti – Foto
S Hämpfeli – Handvoll
Schlappe – Hausschuhe
Schofseckel – Jemand, der bescheißt
Schütte, seiche, schiffe – Starker Regen
Solli zämme – Hallo
Striezi – Lausbub

U

Ummebäffzge – Anschnauzen

V

Vergroote – Missraten
Verschnuufe – Rasten

W

Wunderfitzig – Neugierig

Z

Z Obe – zu Abend essen
Zmorge – Frühstück
Znüni – Zweites Frühstück

Register

Bildnachweis:

Alle Bilder von Birgit-Cathrin Duval, außer: Achim Schaller S. 120 | Adrian Thomale, CC BY-SA 3.0 S. 181 | Blackest Forest Simon Stiegeler S. 212, 213u, 214o, 214u | Blumencafé-Landgasthof Rosenstübchen S. 63 | Bmmc79 Badger Mountain Moonshine Company S. 243o, 243i | Cayambe, CC BY-SA 3.0 S. 21u | Christina Gerspach S. 5, Umschlag Rückseite | Christoph Eberle / Sennhütte Schwand S. 77, 78 | Claus Linke S. 37 | Claus Nahr CC BY-SA 2.0 S. 200-203 | Daisyree Bakker, CC BY 2.0 S. 22o | Dieter Schäuble, Lauchringen S. 208-211 | Dorfgasthaus DasRössle S. 112, 114, 115 | Elztalbrennerei S. 193, 194/195 | Euku, CC BY-SA 3.0 S. 217 | Flominator, CC BY-SA 3.0 S. 113 | Fox Atelier S. 21o | Freunde des Waldfreibades e. V. S. 165 | Ice Boy Tell, CC BY-SA 3.0 S. 47u | James Steakley, CC BY-SA 3.0 S. 186 | Joergens_mi S. 47o, 48/49 | joergens_mi, CC BY-SA 3.0 S. 184, 186/187 | John Game CC BY 2.0 S. 20 | Jörgens_mi S. 147 | Karin Wohlschlegel S. 71 | Karten – Mapcreator.io, OSM.org, ©DLR, ©Airbus Defense and Space, ©Copernicus S. 24, 25, 29, 57, 91, 129, 141, 179, 207, 225 | Kmtextor, CC BY-SA 4.0 S. 22u | Kulturhaus Todtnau S. 106-110 | LoKiLeCh, CC BY-SA 3.0 S. 174 | Marc Schäfer Badenweiler Tourismus S. 50-53 | Michael Leipelt S. 35 | Naturparkhotel derWaldfrieden S. 124o, 124u | PantaRhei, CC BY-SA 4.0 S. 18o | Sebastian Ross S. 34 | Sebastian Schröder-Esch Naturpark Südschwarzwald S. 230-233 | Seehotel Wiesler S. 156-159 | Tourist Information Kandern S. 30-32 | Tourist-Information Kandern S. 36 | Ursel Lorenz S. 136, 137 | Wälder:Genuss S. 152, 154M, 154u | Wälder:Genuss/Fesseler Ernst S. 153 | Zieglhar, CC BY-SA 4.0 S. 64